国家社会科学基金一般项目
"小农户生计多样化与环境规制协同演替机理及路径研究"（项目编号：20BJY129）

多元主体参与乡村旅游发展的协同路径及机制研究

DUOYUAN ZHUTI CANYU XIANGCUN LÜYOU FAZHAN DE
XIETONG LUJING JI JIZHI YANJIU

姚增福　罗　莹◎著

中国财经出版传媒集团
经济科学出版社
Economic Science Press
·北京·

图书在版编目（CIP）数据

多元主体参与乡村旅游发展的协同路径及机制研究／
姚增福，罗莹著 . -- 北京：经济科学出版社，2024.
11. -- ISBN 978 - 7 - 5218 - 6413 - 7

Ⅰ. F592. 3

中国国家版本馆 CIP 数据核字第 2024ZQ9113 号

责任编辑：杜　鹏　武献杰　常家凤
责任校对：刘　娅
责任印制：邱　天

多元主体参与乡村旅游发展的协同路径及机制研究
姚增福　罗　莹◎著
经济科学出版社出版、发行　新华书店经销
社址：北京市海淀区阜成路甲 28 号　邮编：100142
编辑部电话：010 - 88191441　发行部电话：010 - 88191522
网址：www. esp. com. cn
电子邮箱：esp_bj@ 163. com
天猫网店：经济科学出版社旗舰店
网址：http://jjkxcbs. tmall. com
固安华明印业有限公司印装
710 × 1000　16 开　12. 5 印张　200 000 字
2024 年 11 月第 1 版　2024 年 11 月第 1 次印刷
ISBN 978 - 7 - 5218 - 6413 - 7　定价：99. 00 元
（图书出现印装问题，本社负责调换。电话：010 - 88191545）
（版权所有　侵权必究　打击盗版　举报热线：010 - 88191661
QQ：2242791300　营销中心电话：010 - 88191537
电子邮箱：dbts@ esp. com. cn）

前　　言

　　乡村旅游在完善农村产业结构类型、拓宽农户收入来源、促进经济发展与环境保护等方面成效显著。因此，各国纷纷将乡村旅游作为提振乡村发展的重要途径，我国更是将乡村旅游作为打赢脱贫攻坚战与乡村振兴战略的重要抓手。在我国制度背景下，乡村旅游产业高质量发展不仅离不开政府部门科学合理的政策体系，农户以及旅游者的有效参与更是实现乡村旅游可持续发展的关键力量，如何确保政府发展乡村旅游目标与农户、旅游者的现实需求相符合是旅游学界长期关注的重要课题。以往研究大多将三者分别展开研究，从政策工具视角对我国乡村旅游政策文本进行量化研究，同时，基于计划行为理论、多维贫困理论，对旅游者重游意愿及其影响因素、农户实际获得感、参与意愿展开探讨。然而，这种研究忽略了旅游者的求新动机及其行为复杂性以及农户个体能力的差异，导致旅游发展目标与实际成效还有待进一步探讨。我国乡村旅游发展过程中呈现的农户内生动力不足、旅游者重游率较低的现实困境，在某种程度上制约了乡村旅游产业持续推进。因此，需要从三者协同角度，将政府主导、农户参与、旅游者支持相结合，通过探索三者在乡村旅游发展中的作用机理，进而提高乡村旅游产业可持续发展的实践路径。

　　本书的基本思路是：首先，在四川省、宜宾市、内江市、巴中市各公共部门官网检索 2011～2022 年 9 月所出台的与乡村旅游发展有关的政策文本，并采用 NVivo12 质性分析软件对其进行质性分析，以期从宏观（省级)、中观(宜宾市、内江市、巴中市)层面明晰各级部门发展乡村旅游的目标、措施、政策工具组合等;其次,通过旅游减贫效应和参与意愿的入户问卷调查获得数据,计量分析乡村旅游减贫效应评价因子和农户参与意愿的影响因素,实证检验四川省乡村旅游发展成效,并探究农户参与意愿的影响因子;再次,对乡村旅游者开展问卷调查,剖析其重游意愿的复杂性及其调节效应,挖掘提高乡村旅游者重游率的影响因子及路径;最后,在对接政策目标与农户实际感知、参与意愿以及旅游者现实需求基础上,找出政府乡村旅游发展目标与农户、旅游者现实需求之间的差异及问题,并有针对性地提出解决措施和建议。

第一章,绪论。首先,阐释乡村旅游发展中政府部门、农户、旅游者参与的必要性,明确本章的目标和意义;其次,对乡村旅游发展中的政府管理作用、减贫效应和参与意愿、旅游者重游意愿影响因素等有关的文献进行梳理;再次,阐述本章的方法和思路、内容结构安排;最后,介绍本书的重点与创新点。

第二章,概念界定与理论基础。对政府管理、乡村旅游、相对贫困、旅游减贫、重游意愿等几个重要概念进行界定,明确其在本书中的内涵。然后对服务型政府理论、公共政策理论、多维贫困理论、旅游乘数和漏损理论、复杂性理论、情绪评价理论进行梳理,将其作为本书探讨问题的基础与指导。

第三章,多元主体协同参与乡村旅游发展的机理分析。阐释政府公共部门、农户、旅游者在推进乡村旅游发展中的参与途径、目标、作用等,明晰政府主导、农户参与、旅游者支持的协同关系,进一步理顺以上三者作为本书研究多元主体的逻辑起点。

第四章,政府参与乡村旅游发展的治理现状分析。首先,采用 NVivo12 质性分析软件对四川省省级各公共部门颁布的促进乡村旅游减贫的政策文本进行分析,明晰乡村旅游发展的目标与方向,采取的措施、政策工具组合等。其次,分析政策文本的各种类型占比是否均衡,找出现有政策工具组合中存在的不足。

第五章,政府参与乡村旅游发展的治理路径分析。采用分层抽样的方式抽选宜宾市、内江市、巴中市作为案例研究区，分析其各公共部门为贯彻落实省级乡村旅游发展目标所出台的相关政策，从整体上把握各地区乡村旅游政策供给的方向、目标、措施、现状及其治理的路径选择。

第六章，旅游者参与乡村旅游发展的意愿分析。构建乡村旅游者重游意愿的驱动模型，借助实地调研所获得的一手数据对其进行实证分析，探究各要素对乡村旅游者重游意愿作用机制和影响边界，为乡村旅游产业发展政策的制定提供理论参考。

第七章，旅游者参与乡村旅游发展的组态路径分析。通过问卷调查所获得的一手数据，在信度、效度检验通过的基础上采用模糊集定性比较分析方法对乡村旅游者重游意愿的复杂性进行实证分析，明晰提高旅游者重游率的多重路径。

第八章，社区居民参与乡村旅游发展的衔接路径分析。通过问卷调查获得一手数据，在信度、效度检验通过的基础上，采用模糊层次综合评价法从农户层面对乡村旅游减贫效应进行实证分析，探究微观农户感知下的乡村旅游发展成效与不足。

第九章，多元主体协同参与乡村旅游发展的效果评价。采用阶层回归分析方法从经济、社会、环境、权利四个维度探索了农户参与意愿的影响因素。

第十章，多元主体协同参与乡村旅游发展的问题分析。将政策文本分析的结果与农户实际减贫感知、参与意愿以及旅游者重游意愿进行对比分析，找出政府发展乡村旅游的目标、成效与农户实际获得感、参与度以及旅游者重游意愿之间差异，并具体分析其原因。

第十一章，多元主体协同参与乡村旅游发展的实现路径。根据以上质性分析和定量分析的结果，提出在推进乡村旅游发展中政府公共部门助力乡村旅游发展、提高农户收入和渐进实现农业现代化的现实路径。

本书的主要结论：第一，地方政府各公共部门间的合作有待进一步加强。第二，政策工具组合运用的比例不均衡。第三，各减贫目标分布差距较大。第四，整体上看，四川省乡村旅游减贫效应有待持续加强且呈现明显的地区异质性，农户对旅游发展所带来的经济效应认同度不高，而对于人居生活环境的改善、素质提高的认可度较高。第五，当前各地区乡村旅游产品同质化严重，降低了旅游者的重游率；受突发公关危机事件的影响，各地区乡村旅游的游客量明显降低，乡村旅游的经济效益不显著，导致农户参与乡村旅游的意愿普遍偏低。第六，"经济效应""权利效应"显著提升了农户参与乡村旅游发展意愿。第七，获得13种能促进高重游意愿的复杂组合路径，证实乡村旅游者高重游意愿组态条件具有复杂性。第八，旅游感知价值、旅游地形象、旅游满意度能对其重游意愿产生显著的正向影响，而旅游动机对其则存在显著负向影响。第九，旅游满意度在旅游动机对重游意愿的影响中具有完全中介作用，在旅游地形象和重游意愿的影响中起部分中介作用。第十，旅游健康风险在满意度和重游意愿多路径中起到了显著调节作用。乡村旅游发展政策的制定还需在农户增权、确保旅游收益真正让农户受益、丰富旅游产品类型等方面进行完善。

姚增福　罗莹

2024 年 10 月

目　　录

第一章 绪 论

第一节 研究背景、研究目的和研究意义

一、研究背景

（一）乡村旅游是我国脱贫攻坚、实现乡村振兴的有效途径

贫困与反贫困是人类发展至今仍需解决的世界难题之一（邓小海，2015）。中国共产党从成立以来就把消灭剥削、消除贫困、实现共同富裕作为奋斗目标。从最初计划经济体制下的救济式扶贫到"八七"扶贫攻坚计划下的体制性扶贫，再到整村推进、产业化扶贫，以及最终的精准扶贫（黄渊基，2021），乡村旅游在助力农户脱贫、促进贫困地区经济社会发展方面成效显著（邓小海，2021）。其原因在于旅游业的关联带动性强，能够成为农村地区全面发展的综合动力（牛海桢、高燕和雷金瑞，2010）。2011 年，中共中央、国务院颁布的《中国农村扶贫开发纲要（2011 – 2020年）》①，首次从国家层面肯定了乡村旅游扶贫是一种行之有效的产业扶贫方式。当前，我国正处于巩固脱贫攻坚成果与乡村振兴有效衔接的交汇期，乡村旅游在完善农村产业结构、促进农户持续减贫和农村地区稳定发

---

① 中华人民共和国中央人民政府. 解读《中国农村扶贫开发纲要（2011 – 2020 年）》［R/OL］.（2011 – 12 – 01）［2022 – 12 – 13］. http://www. gov. cn/jrzg/2011 – 12/01/content_2008683. htm.

展等方面对于乡村振兴具有重要作用（马静，2021）。2019 年，习近平总书记在田铺大湾调研时指出，"发展乡村旅游不要搞大拆大建，要因地制宜、因势利导，把传统村落改造好、保护好。依托丰富的红色文化资源和绿色生态资源发展乡村旅游，搞活了农村经济，是振兴乡村的好做法"①。近年来，广大农村地区将农村自然与人文资源有效结合，使农事活动、农耕文化、农村闲置资源都成为助力三次产业融合发展的途径，为乡村振兴提供了强有力的动力。

（二）乡村旅游发展的深入推进有赖于公共政策的有效保障

截至 2021 年，我国已发展 1199 个乡村旅游重点村②，这得益于国家层面高度重视各地区乡村旅游产业的发展。从宏观层面来看，乡村旅游确实为农村地区经济增长取得了显著成效。此外，发展乡村旅游存在收益未知的风险，而农户自身应对风险的能力较弱、对农村新兴产业的认同度较低，其往往倾向于选择务农或外出务工的生计模式，导致弱势群体未能有效参与乡村旅游，阻碍了乡村旅游政策目标的执行。由于经济社会发展所带来的成果有时并不会自动流向贫困农户，政府各级部门如何发挥其宏观调控作用，通过出台相关政策、采取相应措施确保农户参与乡村旅游发展并获得旅游收益，成为各地区乡村旅游发展中待需解决的问题。此外，因地制宜推出符合旅游者需求的乡村旅游产品是确保当地旅游产业可持续发展的重要手段，而乡村旅游发展政策是有效践行经济发展与环境保护、确保旅游产品具有乡村性、提高旅游者重游意愿的有效途径。

（三）多元主体参与是乡村旅游可持续发展的现实路径

政府作为经济社会发展的掌舵者，合理的资源分配及要素组合是政府管理的重要环节。农村由于资金、人才、组织管理等匮乏，难以将自身独

---

① 新华社. 总书记为我们找准了发展的定位［EB/OL］.（2022 - 04 - 22）［2023 - 02 - 10］. http://m. news. cn/2022 - 04/22/c_1128584694. htm.
② 兴国县人民政府. 2021 乡村旅游：助推乡村振兴 打造崭新格局［EB/OL］.（2022 - 02 - 18）［2023 - 02 - 21］. http://www. xingguo. gov. cn/xgxxxgk/xg10816/202202/86cba4e6f7324844beaedfe1d3912346. shtml.

特的旅游资源转化为经济优势，旅游业发展受阻（陆林和刘烊铭，2019）。旅游发展的外部性兼具了公共利益与私人利益，外来资本的涌入导致乡村旅游地商业氛围浓厚、旅游发展所创造的经济收益较大程度上被外来企业享有、农户参与层次低且处于参与边缘等现象时常发生，违背了国家大力发展乡村旅游的初衷（张翔云和何星亮，2022）。根据市场失灵与公共产品理论，便捷的交通、基础设施等乡村旅游业所需的公共产品大多由公共部门投资建设。此外，为贯彻落实可持续发展理念，若将乡村旅游产业完全交给市场，在市场经济影响下，各企业在追求利益最大化的同时，无疑会造成资源的过度开发与浪费、乡村性遭到破坏，而各级政府部门从宏观层面对乡村旅游进行顶层设计，制定规划，优化城乡资源配置，有效监督，以保障农户参与乡村旅游的主体地位、获得稳定的旅游收益、改善其生活水平，是有效践行经济发展与环境保护相结合、促进参与公平的重要保障（谢富茂，2021）。此外，农户的有效参与是乡村旅游的本质属性（乡村性）的重要保障，通过其对农耕文化的理解与传承使乡村旅游产品有别于一般旅游产品。同时，通过农户的广泛参与并获益也是政府大力推进农村地区发展乡村旅游的主要目标（周歆红，2002）。而农户由于投入资金问题、可利用信息问题、社会资源匮乏等，导致其往往处于参与乡村旅游减贫的边缘，旅游漏损问题严重。而政府作为市场监督者，是确保农户有效参与以及乡村旅游减贫目标不发生偏离的重要保障。同时，乡村旅游者作为乡村旅游持续减贫的又一主要主体，通过乡村旅游产品满足大多数旅游者对农家生活的美好体验，同时也因旅游者在目的地进行旅游消费而使当地农户获得旅游收益，进而推动当地农户持续减贫。因此，乡村旅游者不仅是旅游地农户持续获得旅游收入的重要来源，亦是乡村旅游可持续发展的重要保障（罗莹和姚增福，2023）。从公共政策宏观视角出发，明晰各公共部门对乡村旅游发展方向、目标和政策工具的供给，并以农户微观视角评价乡村旅游发展成效，以及从乡村旅游者层面剖析其重游意愿的复杂性，将宏观与微观视角进行对比分析，有助于发现当前乡村旅游发展中存在的不足、完善乡村旅游产品供给、提高农户参与意愿和旅游者的重游率。

二、研究目的

本书旨在从减缓相对贫困的视角贯彻落实国家有关乡村旅游发展和农村地区乡村振兴的战略目标，以四川省为案例地区，分析乡村旅游公共政策的发展目标、策略、手段等各类政策工具的使用情况，从宏观视角剖析乡村旅游发展中政府参与的治理机制和路径，从复杂性角度重点阐释诱发旅游者参与乡村旅游发展的机制及组态路径，从农户微观视角实证检验社区居民参与乡村旅游发展的意愿、成效感知及其现实路径，进一步在宏观与微观对比分析基础上厘清多元主体参与乡村旅游发展中的问题及原因，最终提出政府部门推进乡村旅游发展的政策措施。具体目标为：

1. 梳理 2011 年 1 月 ~2022 年 9 月四川省、宜宾市、内江市、巴中市各公共部门为促进农村地区乡村旅游发展目标的实现而出台的相关政策，从整体上把握各部门乡村旅游政策供给的方向、目标、措施、现状。

2. 将 2020 年四川省 21 个市州地区生产总值进行由高到低排名，在此基础上按照 33 分位数和 66 分位数将 21 个市州等分为 3 个区间（陶宇，2019），分别将地区生产总值排名高、中、低三类作为分层抽样的样本，并考虑到一手数据获得的难易程度，分别在 3 个分层抽样样本中抽选宜宾市、内江市、巴中市作为案例研究区。在此基础上，分别从以上 3 市随机各抽选两个四川省乡村旅游示范村，共计 6 个村作为研究案例，以从农户微观视角评价乡村旅游减贫中政府管理所具有的优势与存在的不足。

3. 从农户微观视角评价乡村旅游减贫成效，找出其参与乡村旅游减贫意愿的影响因素，明晰当前乡村旅游减贫中所存在的问题，以调动其内生发展动力。

4. 从乡村旅游者视角分析其重游意愿的复杂性并进一步剖析其中介调节机制，力图明晰各要素对乡村旅游者重游意愿作用机制和影响边界，以提高其重游率，确保乡村旅游可持续减贫，同时也为完善乡村旅游产业发展政策的制定提供理论参考。

5. 将宏观层面的政策分析结果与农户减贫的实际获得感、参与意愿以及乡村旅游者的重游意愿进行对比，找出三者之间的差异及原因。在以上研究结果的基础上提出，在推动乡村旅游产业发展中，以上主体应从哪些方面进行相应的完善，以提高发展效率。

三、研究意义

（一）理论意义

乡村旅游减贫是农业经济学、旅游学、反贫困理论的重要内容。自1991 年"旅游扶贫"这一发展理念的提出（王伟，2020），再到 2006 年农村地区乡村旅游的快速发展，对农户拓宽收入来源、实现就地就业以及一系列关联带动作用等成效明显，得到政府部门的大力支持（胡柳，2016）。2011 年，旅游扶贫首次作为产业扶贫方式之一被写入《中国农村扶贫开发纲要（2011—2020 年)》（邓小海，2015），标志着乡村旅游发展带来的成效从国家层面得到认可与关注。但农村地区区域经济的增长是否让贫困人口真正获益却受到部分学者的质疑。周歆红（2002）在较早时候就指出，贫困人口囿于社会资本、物质资源等匮乏，往往处于参与乡村旅游发展的边缘，旅游收益并未让大多数农户真正受益，乡村旅游地存在"精英俘获"现象。那么，乡村旅游发展在带动地区经济增长的同时，农户实际获得感如何？旅游者是否对旅游产品满意？政府乡村旅游发展目标与农户、旅游者实际感知有无差异？政府部门后续又应如何推进乡村旅游产业发展？本书试图回答以上问题，而这些问题的回答将完善我国乡村旅游减贫理论、提高政府部门管理能力、推进我国农村地区乡村旅游的发展。

（二）现实意义

1. 实施乡村振兴战略是新时代做好"三农"工作的总抓手。党的十九大以来，党中央、国务院采取一系列重大举措加快推进乡村振兴（韩长斌，2018）。而摆脱贫困是实现乡村振兴的前提和基础。农户是破解贫困问题的最小单元，是维持社会稳定的关键，是乡村振兴的重要主体。乡村旅游减贫与乡村振兴具有内在逻辑联系：首先，乡村旅游减贫为乡村振兴奠定了基础，而乡村振兴则为旅游发展指明了方向，两者在程度上存在递进关系。虽然我国已全面建成小康社会，但仍然面临农户内生发展能力不足、农户参与乡村旅游意愿较低等严峻问题。总结前期各政府部门发展乡村旅游的经验与成效，破解乡村旅游助力乡村振兴目标实现的制约因素，有利于推动乡村旅游转型升级，提高公共政策效率。其次，乡村旅游是乡村振兴的有效途径。我国大部分农村地区产业规模薄弱、劳动力容纳有限，由此导致大部分农户将外出务工作为生计方式。乡村旅游的发展有利于盘活农村资源，实现资源整合与重构，将农耕文化融入旅游业，带来资金、人才的聚集，为乡村振兴带来了发展契机。

2. 乡村旅游是四川省脱贫攻坚的重要抓手和破解"三农"问题的有效途径。四川省位于我国西部地区，历史文化悠久，旅游资源丰富，是我国农家乐和民宿发源地（肖钊富等，2022）。根据《四川省"十三五"旅游扶贫专项规划》，"十三五"期间，全省旅游产业扶贫的对象主要涉及 20个市（州），重点突出适合发展旅游的 1443 个村，贫困人口 278 922 人[①]。乡村旅游为四川省各农村地区区域经济增长、环境改善发挥了作用，为顺利实现第一个百年奋斗目标提供重要支撑。而"三农"问题的核心是农民问题，而农民问题的核心则是其自身增收致富问题（黄渊基，2021）。这就要求持续关注农户从乡村旅游产业发展中长期获益的情况以及提高其参与意愿问题。选择四川省作为研究区，通过探索四川省各级政府为推动农村地区乡村旅游产业发展所出台的政策文件，找出当前公共政策中乡村旅游产业发展方向、目标与现实中农户感知发展成效之间的差距，探索乡村旅游发展政策如何让农户更好地减贫、破解"三农"问题、实现乡村振兴目标是目前政府工作的重要现实命题之一。

3. 多元主体协同参与乡村旅游发展是均衡参与主体利益的现实选择。我国乡村旅游的深入推进离不开政府部门出台相关发展政策，以从宏观层面发挥政府部门作用，规范乡村旅游发展市场，确保乡村旅游减贫目标的实现。而农户作为又一重要参与主体，是乡村旅游减贫的受益者及参与者。政府部门通过出台相应的扶持政策以调动农户内生发展动力，促进其

---

① 四川省人民政府. 扶贫送去"旅游饭"让贫困地区摘掉"穷帽子"［EB/OL］. (2016 – 12 – 01）［2022 – 12 – 04］. https://www.sc.gov.cn/10462/10464/10797/2016/12/1/10405988.shtml.

参与乡村旅游减贫事业。农户囿于物质资本、社会资本的匮乏，往往处于参与乡村旅游发展的边缘，政府部门对乡村旅游加以干预，确保农户能有效参与乡村旅游并获益，是政府管理的重要工作。此外，乡村旅游的可持续减贫离不开旅游者的支持，其不仅满足了大多数旅游者对农家生活的美好体验，同时也因旅游者在目的地进行旅游消费而使贫困人口获得旅游收益，进而推动贫困人口持续减贫。乡村旅游者不仅是旅游地农户持续获得旅游收入的重要来源，亦是乡村旅游可持续发展的重要保障。因此，探讨三者之间的关系，进一步剖析政府政策供给与农户、旅游者的现实需求是否相吻合，明晰乡村旅游减贫成效与农户参与意愿的影响因素，探讨乡村旅游者重游意愿的复杂机制，有助于发挥多元主体参与乡村旅游发展的协同效应，实现其可持续发展。

第二节　国内外研究综述

一、旅游减贫对象研究

国外提出旅游发展能促进减贫是在 20 世纪六七十年代。旅游与减贫关系的研究成果大多集中于旅游发展对地区经济影响方面，如区域就业、促进宏观经济提升等（李如友和郭鲁芳，2017）。如何确保农户从旅游发展中受益虽然是旅游减贫的研究内容之一，但旅游发展所带来的减贫效应更多的是从社区整体进行研究，未对贫困人口展开针对性研究，贫困人口囿于自身物质和社会资本等较为薄弱，其参与旅游发展的诉求往往处于边缘地带（Ashley C，Boyd C and Goodwin H，2000）。可以说，早期的旅游减贫研究并没有深入关注旅游减贫的核心问题，即贫困人口，忽略了旅游减贫的本质，导致旅游发展与减贫相背离。直到 1999 年英国国际发展计划署首次提出 PPT 概念，即"有利于贫困人口发展的旅游"，其强调运用任何能为贫困人口带来旅游收益的旅游发展方式，更加关注贫困人口从旅游发展中获得的净收益。PPT 战略的提出标志着国外第一次将旅游发展与减贫相结合进行研究（邓小海，2015）。随着"有利于贫困人口发展的旅游"在旅游发展过程中得到推广和运用，国外已明确将旅游减贫的目标群体定位于贫困人口，并将其参与发展机会、所获得的旅游综合收益（经济、文化、社会等收益）大于其所付出的成本作为旅游发展目标。

国内旅游减贫研究主要是伴随我国扶贫实践而兴起的。与国外类似，在我国大力推进农村地区发展旅游以摆脱贫困的实践之初，学界更多的是将贫困地区作为减贫对象，将通过旅游发展所带来的区域经济增长作为评估标准，但以宏观层面作为评价标准未能考虑农户的个体特征及其复杂性（魏宝祥等，2020）。随着 PPT 战略的推广，国内学界开始将旅游减贫的对象和目标从宏观层面逐步向微观群体聚焦。周歆红（2002）在《旅游学刊》所发表的《关注旅游扶贫的核心问题》一文中指出，旅游产业发展是帮助贫困人口减贫的手段，而其真正受益才是旅游发展的本质。孙久霞和保继刚（2005）认为，实现贫困农户的高度参与才是确保旅游产业稳定发展行之有效的方向，而农户对乡村旅游发展的感知态度又将影响其参与意愿，进而决定乡村旅游产业的持久性。我国乡村旅游发展过程中最大的问题就是农户参与不足的问题，这一问题进而影响减贫目标以及乡村旅游的可持续性（颜安，2023）。农户自身物质资源匮乏、能力不足最终导致相对富裕的农户和外来企业获得较多旅游收益，而物质资源匮乏的农户所获旅游净收益较少，甚至出现其所付出的成本大于收益（罗莹，姚增福，2022），从而降低了其参与意愿。究其背后的根源，主要在于乡村旅游发展中农户的主体性地位没有受到应有的重视。龙梅等（2014）发现，旅游地各利益主体权利不平等导致农户在利益分配和参与决策上处于边缘地位。里贝罗等（Ribeiro et al.，2016）指出，旅游发展所带来的经济正效应和负效应感知均会影响社区居民的旅游参与度。西里文斯等（Sirivongs et al.，2012）对老挝国家保护区的农户进行问卷调查。结果显示，旅游发展所带来的正向感知会增加当地居民的参与意愿。此后，国内部分学者将研究视角转向农户微观层面，并对其进行大量研究。谢双玉等（2021）将恩施州南部 4 县 22 个旅游扶贫村划分为 4 种发展模式，采用方差分析法分析乡村旅游不同发展模式的农户减贫感知差异，研究发现，乡村旅游发展模式影响农户减贫效应感知，且经济效应感知更高的同时也会承受较高的发展成本。洛佩斯桑茨等（LópezSanz et al.，2021）发现，乡村旅游有助于缓解人口高度减少地区的人员流动。池等（Chi et al.，2017）基于1018份调查问卷的数据分析得出，居民感知的高经济地位和良好的社会关系可以通过主观幸福感的中介作用增强其对旅游业的支持度。

二、旅游减贫中政府管理研究

公共产品的存在是政府管理的原因之一。农村地区拥有大量的自然资源，这些公共产品具有共享性和非排他性，并按照其属性可以划分为自然类公共旅游资源，如山川、海滨等，另外还有经过劳动力投入或资本打造出的旅游产品，如通往旅游地的道路、观景台等。对于第一类旅游公共产品而言，如果政府部门不进行管理、引导，企业为追求利润最大化而过度开发旅游资源，会造成乡村旅游产品的不可持续性；而第二类旅游产品，如果政府不进行前期的基础设施建设、改善道路交通，那么将影响旅游地的可进入性，将会导致旅游资源的浪费（黄秀娟，2008）。因此，发展乡村旅游需要政府从公共政策、规划、效果评估、行业监督等方面发挥作用（王晓丽，2023）。

帮助农村地区及其居民缩短贫富差距是政府部门的重要工作，而农户囿于物质资本、社会资本的匮乏，往往处于参与乡村旅游发展的边缘，政府部门对乡村旅游加以干预、确保农户能有效参与乡村旅游并获益，是政府管理的重要工作。从各国扶贫的具体实践来看，政府在减贫工作中发挥着主力军的作用。政府部门在旅游发展中的主导地位已被大多学者所认可，后者围绕政府在旅游减贫的作用、形式等进行了大量研究。政府能"制定科学的减贫政策"（杨峰，2020）、"增加农户参与的平等性"（Schilcher D.，2007）。

"出台相关的旅游发展规划是政府部门参与旅游减贫的主要形式"（Ashley C，Roe D，2002），农村地区，无论是基础设施，还是旅游产业发展条件都相对薄弱，需要以政府为首，发挥其主导作用，充分挖掘农村地区旅游资源、打造旅游产品，比如政府从"顶层设计、资源挖掘、人才培训"等方面发挥其在旅游减贫中的作用。但这一观点并不代表政府在各个环节处于主导地位，部分学者提出，政府职能应从"主导"逐步向"督导"转变（陈友华，2013），要确保参与旅游发展的公平性，让农户有机会深入参与乡村旅游并重点关注其受益与发展（李静，2020），避免"旅游飞地"，关注市场需求，结合当地独特资源重点打造核心旅游产品，建立统一规范的管理平台，提高农业旅游产业管理和服务水平（冯伟林和陶聪冲，2017）。2020年后，农村地区乡村旅游发展还应当让农户参与乡村旅游发展的各环节，并赋予他们决策权、经营权、考核权（王会战，2021），以调动农户的参与积极性和发挥其主人翁精神。

但政府在推进乡村旅游发展的实践过程中也存在一些问题，如政府职能失位、规划雷同、旅游资源过度开发、行政职权划分不清、旅游设施陈旧、资金落实不到位、旅游目的地宣传不到位等问题（谢富茂，2022）。熊梦雯（2021）研究发现，在当前乡村旅游发展过程中，政府处于主导地位，尤其在乡村环境提升、旅游产品打造等方面发挥了积极作用。但与此同时，一些地方政府部门也存在分工不明、乡村人才欠缺、资源整合不到位等问题。

三、乡村旅游减贫效应研究

乡村旅游减贫效应主要体现在旅游发展对农村地区经济与非经济两个方面，其主要包含对地方经济、社会文化、环境、生态等相关因素所产生的影响。就农户而言，其更为关注经济影响（王兆峰，2011）。

（一）经济效应研究

乡村旅游发展对贫困人口经济层面的减缓一直是学界重点关注的问题，并由最初从宏观层面评估旅游发展所带来的经济效应逐步转向微观贫困人口经济获益的量化研究。在贫困地区发展旅游产业能增加当地财政收入、带动企业投资、为贫困人口提供就业机会、扩大其收入来源（田明华等，2022）。但是，由于贫困地区基础资源相对薄弱，缺乏与旅游产业配套的发展条件，需要政府及外来资本的参与，从而导致旅游漏损问题严重。贫困人口囿于自身物质资本、社会资源匮乏，参与旅游发展并获益是有限的（邓小海、曾亮和云建辉，2015）。

（二）非经济效应研究

旅游发展除了给贫困地区及贫困人口带来经济影响外，还给当地带来了社会文化、环境等方面的非经济影响，主要体现在旅游发展能使当地教育水平提升、基础设施以及居住环境改善、医疗设施完善、保护生物多样性（Weyland F et al.，2021）、减少地区的人员流动（López-Sanz J M et al.，2021）、推动地方发展（Tayfun Cukur and Nuray Kizilaslan，2018）等，旅游发展所带来的综合效应大于经济效应。此外，旅游发展也给当地带来了负面影响，比如耕地遭到破坏、农村传统文化消亡，导致农村商业气息浓厚。由于旅游发展对非经济效应的影响并非不变，而是根据当地情况而异。且由于非经济效应难以量化，学界主要通过对当地贫困人口进行问卷调查，以贫困人口的实际感知来评估旅游发展所带来的非经济效应。

四、乡村旅游减贫中贫困人口的研究

贫困人口脱贫是乡村旅游业发展的主要目标。如何确保贫困人口参与旅游发展并获益是学术界关注的核心研究方向之一。贫困农户在乡村旅游发展中扮演着旅游主体与客体的双重身份，是旅游减贫最重要的内生动力源。其能为旅游发展提供劳动力，也是农耕文化的保护者与传承者，通过参与乡村旅游产品的生产与服务获得旅游发展收益（周玲强，2021）是推动贫困地区转型升级和实现乡村振兴目标的重要保证。但囿于农户物质资源匮乏、自身能力不足，其往往处于参与乡村旅游发展及获益的边缘，最终导致贫困地区相对富裕的农户获得较多旅游收益，而真正贫困的农户获得的旅游净收益较少，甚至其所付出的成本大于收益，导致贫困人口参与意愿不强，而其背后的根源在于乡村旅游发展中农户的主体性没有受到有效重视。孙久霞和保继刚（2005）提出，实现贫困农户的高度参与才是确保旅游产业稳定发展行之有效的方向，而农户对乡村旅游发展的感知态度又将影响其参与意愿，进而决定乡村旅游产业的持久性。我国乡村旅游发展过程中曾出现的最大的问题就是贫困农户参与不足，进而影响减贫成效以及乡村旅游的持续性（颜安，2021）。已有研究发现，贫困农户旅游参与程度显著正向影响其旅游收益。如龙梅等（2014）发现，旅游地各利益主体权利的不平衡导致农户在利益分配和参与决策上处于边缘地位。张妍等（2021）对阜平县居民旅游减贫满意度进行研究发现，居民的满意度能正向影响其参与度。卢小丽（2006）发现，社区居民对旅游正面感知会对其旅游发展态度和参与行为有显著影响，即居民越支持旅游发展，其参与生态旅游活动意愿越强烈。里贝罗等（Ribeiro et al.，2016）指出，社区居民对旅游发展所带来的经济正效应及负效应的感知均会影响其旅游参与度。西里文斯和筑城（Sirivongs and Tsuchiya，2012）对老挝国家保护区的农户进行问卷调查。结果显示，对旅游发展的积极效应感知会增加居民参与旅游发展的意愿。

五、乡村旅游者重游意愿研究

乡村旅游者作为农村地区旅游产业可持续发展的主要推动力，其在某一旅游目的地的重游率越高，将越有利于农户生计稳定、延长旅游地生命周期，促进农村地区产业多元化发展。但对于绝大多数的旅游者来说，一生当中的旅游次数是有限的。其可能倾向于选择尚未体验过的旅游目的地开展旅游活动，而降低对已体验过的旅游地兴趣（廖平和陈钢华，2020）。那么，如何提高旅游者的重游意愿进而增加其对旅游地的重游率，不仅关系到旅游经营者的经营成本、收入来源是否稳定，也关系到乡村振兴目标的实现，成为旅游地亟待解决和提高的理论和实践问题。

乡村旅游不仅满足了大多数旅游者对农家生活的美好体验，同时也因旅游者在目的地进行旅游消费而使贫困人口获得旅游收益，进而推动贫困人口持续减贫。乡村旅游者不仅是旅游地农户持续获得旅游收入的重要来源，亦是乡村旅游可持续发展的重要保障。由于重游者与初游者相比，其在旅游地停留时间更长、对目的地的经济贡献更大（陈海波、汤腊梅，许春晓，2015），能延长旅游地生命周期、促进生态环境保护（王辉和李亚萍，2022）。在现有重游意愿的研究中，学界主要围绕动机（Lee T H and Crompton J，1992）、满意度（周杨、何军红和荣浩，2016）、旅游地形象（李东、王玉清、由亚男等，2022）、感知价值（郭安禧、郭英之、李海军等，2018）等方面来研究旅游者重游意愿。此外，旅游者的性别、年龄、学历、年收入等人口统计学因素也是影响旅游者重游意愿的重要方面（陈钢华和黄远水，2010）。在研究对象的选择上，现有研究大多探讨风景名胜区旅游者重游意愿的影响因素，而乡村旅游独有的乡村性使其旅游产品与传统的旅游景区存在差异，导致旅游者重游意愿的研究结论缺乏针对性。此外，在研究方法上，探讨旅游者重游意愿的实证研究普遍采用传统的定量分析方法，如 SEM 和 Logistic 回归分析，是一种假设各自变量间彼此互不影响的因果对称性的模型。缺乏根据经济社会现状对旅游者重游意愿的定性研究，如突发公共危机事件所带来的旅游健康风险作为潜在影响因素，及其与已有影响因素的交互作用导致重游意愿发生的组态效应研究，致使已有研究结果无法解释自变量间相互作用、共同导致重游意愿结果发生的多种等效实现路径问题（许娟和程励，2020），理论贡献上稍显不足。由于旅游者行为的实际发生是一系列复杂的抉择过程，受旅游者时间、金钱、动机等多因素的交互影响，采用多因素交互作用导致结果变量发生的非对称模型进行分析（范香花等，2020），更有助于旅游者重游意愿的深入研究。

六、乡村旅游减贫问题及对策研究

（一）乡村旅游减贫问题研究

随着我国乡村旅游产业的不断发展，在此过程中出现了各方面的问题，主要体现在以下方面：乡村旅游减贫成效监测不足，农户发展动力有待提升（罗莹和姚增福，2022）；发展规划缺乏合理性，产品营销缺乏技术支持（包银芳，2022）；农民参与有限，受益程度低（柯晓兰，2021）；贫困人口由于生计资本脆弱、物质资本及社会资源匮乏，外来资本常常忽视其参与（李如跃，2022）；旅游地配套设施不足，从业人员素质有待提升；发展模式和旅游产品单一，商业氛围浓厚；区域间发展不平衡、政策协同度不强、可持续发展动力不足等问题（王婷、姚旻、张琦等，2021）。

（二）乡村旅游减贫对策研究

伴随我国乡村旅游在不断向前推进的过程中所产生的一些现实问题，学界提出了相应的对策建议。邓小海等（2022）提出要因地制宜，准确把握乡村旅游发展方向，健全旅游发展政策机制，完善乡村旅游考核评价标准，适度推进乡村旅游业与其他产业融合发展。王婷等（2021）从开发用地、资源归属、服务质量、人才建设、参与主体等方面提出相应发展策略。赵燕鸿（2021）指出，要调动贫困人口参与乡村旅游发展意愿，加大对其政策、资金扶持，确保贫困群体成为乡村旅游发展的主导者和获益者。针对乡村旅游发展与当地经济联系结合度不高的情况，可以通过加强旅游产业与相关产业的联系，使旅游产业根植于当地发展中，从而有利于减少旅游漏损，如推进乡村旅游业与康养产业的融合、旅游业与农业的深度联系等，进而提高乡村旅游减贫成效（Rogerson C M，2006）。

七、研究述评

综上，学界围绕乡村旅游减贫进行了大量研究，在实际中也推动了农村地区旅游产业的发展，但总的来看，尚存一些不足：政府各部门为推动乡村旅游减贫目标的实现而从宏观层面出台的相关政策与农户微观视角下的实际减贫感知的作用机制是什么；农户在乡村旅游发展过程中获益程度究竟如何，哪些方面的减贫成效显著，哪些方面还有待提升；影响农户参与乡村旅游的因素是什么；公共部门又应从哪些方面完善乡村旅游政策，以更好地实现乡村旅游可持续减贫，这些还有待进一步的分析与探讨。

首先，政府为推动乡村旅游减贫而颁布的相关政策与农户实际减贫感知的作用机理尚未形成统一的认识。本质上，政府引导农村地区广泛开展乡村旅游，不同于一般的旅游开发，其目标是借助乡村旅游这一手段帮助农户减贫，落脚点在于使农户真正减贫。此外，政府利用农村地区的自然和人文资源开展乡村旅游，有助于实现经济发展与资源保护的良性互动，推动了当地区域经济的发展，拓宽了当地农户收入来源，促进了关联产业的发展，有效激发了农户的内生发展动力，有利于实现乡村旅游业的持续发展。但理论上政府宏观层面的公共政策如何帮助农户实现乡村旅游减贫的目标以及政策目标与农户实际减贫感知有何差异还有待进一步分析，以便更好地发挥公共政策作用，实现乡村旅游可持续减贫。

其次，政府乡村旅游政策供给如何与农户实际需求有效衔接的研究相对不足。探讨乡村旅游减贫，首先要解决的问题是政府各部门需要从哪些方面为发展乡村旅游提供支持？其次要回答的问题是农户的参与意愿以及实际获得感究竟如何？在农村地区发展乡村旅游是一项重大的民生工程，需要社会各界的广泛参与，而前期所需投入大量的人、财、物资等需要政府发挥其公共部门的职能，为农村地区乡村旅游产业的发展提供相关资源，行使其监督、市场管理、资源调配等权利，以奠定良好的前提条件。但现有乡村旅游减贫研究大多将政府各公共部门与农户相割裂，一部分学者探讨乡村旅游发展中政府的作用、现存问题、政策建议，另一部分学者则倾向于采用一手数据对旅游减贫效应进行评估。缺乏将宏观政策目标与微观农户实际获益进行对比研究，导致现有乡村旅游政策目标、方向与农户实际获得感相脱节，逐步演变为农户参与积极性减弱、旅游地生命周期缩短等现象。因此，科学评估宏观发展目标与农户实际需要，以弥补宏观乡村旅游减贫政策与微观农户实际感知相脱节的状况，推动政府顶层设计的完善与合理化。

同时，乡村旅游减贫效应及其对农户参与意愿的影响仍值得深入挖掘。学界围绕乡村旅游减贫效应的研究最初聚焦于对农户绝对贫困的减缓，在评价指标的设计中主要围绕经济层面。后来，随着学界对贫困内涵的深入挖掘，对乡村旅游减贫效应的评估也扩展到经济、社会、文化等方面。然而，在2020年后，我国农村发展目标主要是缩小相对贫困、实现乡村全面振兴。根据马斯洛需要层次理论，当乡村旅游有效帮助农户摆脱生存型贫困后，农户将会产生新的需求，而新的需要能否从乡村旅游发展中得到满足，将成为其参与与否的关键因素。在前期各级政府部门出台各项乡村旅游的帮扶政策、激励手段，2020年后其又应如何作出调整，以持续调动农户参与积极性、缩短相对贫困、实现与乡村振兴的有效对接。因此，评估乡村旅游减贫成效时不应仅关注农户对经济、社会方面的改善，还需根据农村地区实际发展状况以及农户需求及时对评价指标进行动态调整。深入把握农户对乡村旅游发展的需求以及目标，有利于政府公共政策的制定更符合农户现实需求，有助于调动农户参与积极性并发挥其主人翁精神。因此，基于微观视角科学评估农户的乡村旅游减贫效应感知及参与意愿，为各级政府部门的公共政策调整提供理论参考，实现乡村旅游与乡村振兴的有效衔接，仍是值得学界研究的问题。

最后，提高乡村旅游者重游率的影响因子及路径亟待深入挖掘。在现有重游意愿的研究中，学界主要围绕动机、满意度、旅游地形象、感知价值等方面来研究旅游者重游意愿。此外，旅游者的性别、年龄、学历、年收入等人口统计学因素也是影响旅游者重游意愿的重要方面。在研究对象的选择上，现有研究大多探讨风景名胜区旅游者重游意愿的影响因素，而乡村旅游独有的乡村性，其旅游产品与传统的旅游景区存在差异，导致旅游者重游意愿的研究结论缺乏针对性。此外，在研究方法上，探讨旅游者重游意愿的实证研究普遍采用传统的定量分析方法。该方法是一种假设各自变量间彼此互不影响的因果对称性的模型，缺乏根据经济社会现状对旅游者重游意愿的定性研究，如突发公共危机事件所带来的旅游健康风险作为潜在影响因素，及其与已有影响因素的交互作用导致重游意愿发生的组态效应研究，致使已有研究结果无法解释自变量间相互作用、共同导致重游意愿结果发生的多种等效实现路径问题，理论贡献上稍显不足。由于旅游者行为的实际发生是一系列复杂的抉择过程，受旅游者时间、金钱、动机等多因素的交互影响，采用多因素交互作用导致结果变量发生的非对称模型进行分析，更有助于旅游者重游意愿的深入研究。

综上，本书基于服务型政府理论、公共政策理论、旅游乘数和漏损理论、扎根理论、复杂性理论、情绪评价理论，采用 NVivo12 质性分析软件，从宏观层面剖析各级公共部门为推进乡村旅游的发展而颁布的政策文本，明晰乡村旅游中政府这一重要参与主体所采取的策略、手段、措施、目标、方式等。与此同时，考虑到农户积极参与以及乡村旅游者的重游率是实现乡村旅游可持续发展的重要保障,科学构建乡村旅游减贫效应评价指标,将层次分析法与模糊综合评价法相结合,基于农户视角对乡村旅游发展中的实际成效进行评价。进一步地,采用阶层回归分析法找出农户参与意愿的影响因素;在乡村旅游者重游意愿方面,采用模糊集定性比较分析方法探索提高乡村旅游者重游率的多重组态路径。进一步剖析其中介调节机制,力图明晰各要素对乡村旅游者重游意愿的作用机制和影响边界,同时,也为完善乡村旅游产业发展政策的制定提供理论参考。最后,将宏观层面的减贫目标、策略、手段等与农户视角下的感知评价、乡村旅游者重游意愿进行对比,找出当前乡村旅游减贫中尚存的不足,据此提出相应的对策建议,以推动乡村旅游可持续发展。

第三节 研究思路、研究方法、研究重点 与创新、技术路线

一、研究思路

政府主导下的乡村旅游产业已成为我国农村地区助农增收的有效途径。为贯彻落实国家关于乡村旅游与农村地区、乡村振兴有关精神,确保政府宏观目标与微观农户实际获得感、旅游者满意度能有效衔接。本书的基本思路是:首先,在四川省、宜宾市、内江市、巴中市各公共部门官网检索 2011 年 1 月 ~ 2022 年 9 月颁布的与乡村旅游减贫有关的政策文本,并采用 NVivo12 质性分析软件对其进行质性分析,以期对四川省、宜宾市、内江市、巴中市各级部门为推动乡村旅游的发展所出台的政策文件中的目标、措施、策略手段、政策工具组合等进行剖析。其次,通过减贫效应和参与意愿的入户问卷调查获得的一手数据,计量分析乡村旅游减贫效应评价因子和农户参与意愿的影响因素,并基于农户视角实证检验四川省乡村旅游产业发展的实际成效。再次,通过剖析乡村旅游者重游意愿作为乡村旅游者这一重要参与主体对乡村旅游可持续减贫的影响,具体而言,采用

模糊集定性比较分析方法探索提高乡村旅游者重游率的多重组态路径，进一步剖析其中介调节机制，力图明晰各要素对乡村旅游者重游意愿的作用机制和影响边界，同时，也为完善乡村旅游产业发展政策的制定提供理论参考。最后，在对接政策目标与农户实际评价、参与意愿以及旅游者重游意愿基础上找出当前乡村旅游发展中各主体所存在的问题及原因，并针对性地提出解决措施和建议。

二、研究方法

本章研究对象为政府、农户以及乡村旅游者，其具有的复杂性和多样性决定了在方法选择上的综合性特点。

（一）文献研究法

文献研究法主要是通过检索、收集、分类、整理相关文献，并对已有文献进行归类、分析，从而对已有研究成果形成系统认知的一种研究方法（李燕，2022）。结合研究目标检索相关文献，并对相关文献进行分类与整理，有助于厘清乡村旅游发展中政府作用、措施、问题、对策等方面的研究现状。就科学研究的全过程而言，在研究初始阶段采用文献研究法有助于科学、系统地把握研究对象全貌。本书通过文献研究法，对国内外乡村旅游研究展开全面的文献梳理，主要围绕乡村旅游参与主体、减贫效应、政府管理、重游意愿、对策建议等相关研究进行回顾，基于对现有研究的归纳与总结，指出其中的不足，进一步引出本书所要解决的问题，为研究目标、指标构建等提供了理论参考。

（二）案例研究法

案例研究是通过整体视角对个案进行研究，并借助个案研究结果以反映整体状况的一种分析方法，主要是对某一案例展开详细论证并以此来反映这一案例所属的整体的普遍现状（邓小海，2015）。该方法能有效剖析微观层面的现状，在社会学和人类学研究领域得到广泛应用。案例研究法在本书的应用主要体现在以下方面：一是对四川省、宜宾市、内江市、巴中市各公共部门所出台的关于推进乡村旅游发展政策文件、各类发展规划等资料进行收集与处理，明晰各级部门为推动乡村旅游发展而采取的政策措施、资金、项目等扶持手段及减贫目标，以全面反映当前四川省乡村旅游公共政策的侧重点和现存的不足；二是分别从宜宾市、内江市、巴中市各随机抽选两个四川省乡村旅游示范村作为研究案例，运用文献研究法、问卷调查法、访谈法等，对以上案例村的农户进行访谈与问卷调查，从农户微观视角剖析其参与乡村旅游减贫的实际获得感、参与意愿，对乡村旅游发展成效进行评价；三是对宜宾市筠连县春风村的旅游者进行调研，运用问卷调查法、访谈法等，对其旅游者重游意愿的影响因素展开问卷调查，从微观视角深入剖析旅游者重游意愿的复杂性及其中介调节机制，力图明晰各要素对乡村旅游者重游意愿的作用机制和影响边界，同时也为乡村旅游产业发展政策的制定提供理论参考。

（三）调查研究法

调查研究法涵盖了观察、访谈、问卷等方式，是对研究对象展开深入、系统的了解，将整个调查过程所收集到的资料进行分类、归纳、处理、分析、演绎的一种研究方法。该方法有助于对研究对象产生新的认识或发现（胡柳，2017）。本书对选定的乡村旅游示范村的农户开展问卷调查和访谈，以了解乡村旅游发展中政府管理成效和农户获得感。从微观层面对农户进行调查研究，增加了对乡村旅游发展成效的认识以及农户对旅游发展的支持度、参与意愿及存在的问题；对乡村旅游产业发展的又一重要主体旅游者展开问卷调查，剖析提高乡村旅游者重游率的多重路径组合，并进一步分析影响乡村旅游者重游意愿的中介调节机制，力图明晰各要素对乡村旅游者重游意愿的作用机制和影响边界，同时也为乡村旅游产业发展政策的制定提供理论参考。

（四）定性与定量相结合

本书借助 NVivo12 质性研究软件对有关乡村旅游产业发展相关的政策文件进行政策文本分析，规范化地对政策内容进行分析。此外，本书定性分析还体现在选取乡村旅游减贫的测量指标方面。而定量分析方法主要体现在，本书运用 EXCEL、SPSS26.0、AMOS21.0、fsQCA3.0 软件对数据进行清理和处理，具体步骤如下：采用层次分析法（analytic hierarchy process，AHP）对比各评价指标的重要性程度，对乡村旅游减贫效应的测量指标赋予权重，在此基础上运用模糊综合评价法对各指标进行等级评价，计算乡村旅游减贫中政府管理成效的农户评价结果（李雅洁，2022）。通过阶层回归分析方法找出农户参与乡村旅游的影响因素。采用 AMOS21.0、fsQCA3.0 软件剖析乡村旅游者重游意愿的组态路径，以提高乡村旅游者重游率；运用 SPSS26.0软件分析影响乡村旅游者重游意愿的中介调节机制，力图明晰各要素对乡村旅游者重游意愿作用机制和影响边界，同时也为乡村旅游产业发展政策的制定提供理论参考。

（五）比较分析法

比较分析法主要是对同类事物进行对比分析，以找出差别、区分优劣。该方法一般包含横向与纵向的比较（黄渊基，2019）。本书对比较分析法的应用主要体现在三方面：第一，将四川省、宜宾市、内江市、巴中市各公共部门所出台的乡村旅游方面的政策文本进行纵向比较，把握四川省层面各公共部门这一重要主体为推进乡村旅游产业而出台的相应政策措施、扶持手段、发展方向与总体目标等，以及各市如何贯彻落实四川省乡村旅游发展政策要求并结合自身实际，因地制宜，出台乡村旅游政策；第二，从农户微观视角评价乡村旅游发展成效及其参与意愿的影响因素，并从乡村旅游者重游意愿方面探讨提高其重游率这一重要因素的多重路径，进而发挥乡村旅游者作为旅游产业的重要推动者所产生的可持续作用；第三，将宏观层面的政策文本分析结果与农户实际评价、旅游者重游意愿进行对比，找出当前乡村旅游产业发展中各主体所存在的不足，并有针对性地提出解决措施和建议。

三、研究重点与创新

（一）研究重点

发展乡村旅游已成为我国助农增收的有效产业之一，目前乡村旅游减贫成效的实证研究主要以区域宏观经济的增长或农户实际感知作为评估标准。然而，区域经济增长能否代表社区居民真正获益还有待讨论。此外，科学评估某一省乡村旅游减贫成效的研究较为缺乏。本书既关注政府发展目标、农户实际获得感及其参与意愿，同时也采用农村居民人均可支配收入中位数等公认的客观评价标准，使实证研究更具说服力。

（二）研究创新

我国乡村旅游产业的推进高度依赖于国家政策引导和制度安排。如何将前期脱贫成果与乡村振兴有效衔接、继续发挥乡村旅游减贫的作用、丰富农村产业结构类型以及实现乡村旅游产品的转型升级，更需要科学的政策制定作为指导。出台相关的旅游发展政策和规划也是政府部门参与乡村旅游发展的主要形式（Ashley C，Roe D.，2002）。关于已有研究在对乡村旅游发展中利益相关者的分类方面，传统的分类方法主要是从要素供给、需求、监管等方面出发，但推动乡村旅游产业的关联带动性较强，所涉及的利益相关者主体众多，难以穷举的同时也存在身份的多元化（祝帅，2022），乡村旅游产业发展的推进各方要素供给无处不在，监管主体更是无处不在，对乡村旅游参与主体或利益相关者的划分无法照顾到方方面面。根据国家宏观政策导向，采用利益相关者理论，创新性地从公共部门、农户、乡村旅游者的视角出发，探究多元主体参与乡村旅游发展的行为逻辑与路径。研究目的不仅在于厘清各参与主体参与的形式及作用边界，更在于为施政者提供乡村旅游可持续减贫的有益参考。

综上，在理论分析与计量分析政府部门、农户、乡村旅游者三者推动乡村旅游产业发展的基础上，将研究结果进行对比分析，明晰当前多元主体在推动乡村旅游产业可持续发展过程中所存在的不足。

四、技术路线

本书技术路线见图 1 - 1。

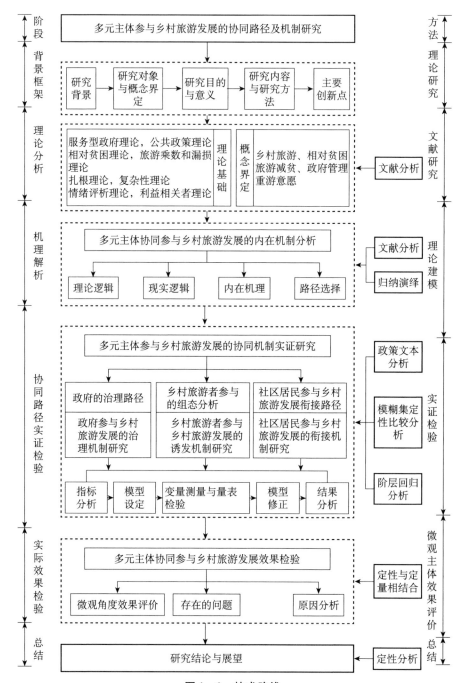

图 1-1 技术路线

第二章 概念界定与理论基础

第一节 概念界定

一、乡村旅游

随着经济社会发展水平不断提高，居民人均收入不断提升，其旅游需求也进一步加大。这为经济欠发达的农村地区提供了致富途径。学界普遍认为，旅游是大众离开常住地前往异地旅行而引起的一切社会关系的总和（洪学婷，2022）。将自然资源作为旅游产品的叫自然旅游或生态旅游，以农业资源作为吸引物的则为农业、观光、休闲旅游。而在农村地区开展的旅游活动均可称为乡村旅游，其依托农业、农村、农民而形成旅游资源，是引发一系列关系和现象的综合。乡村旅游资源的核心是乡村性，即乡土人情、农耕文化、田园风光、农业生产等。乡村性是乡村旅游的本质属性，也是独特卖点。乡村旅游的旅游者大多具有城市性，这类旅游通过地域差异而形成旅游产品，是激发旅游者前往乡村开展旅游活动的动力（邹统钎，2006）。

2019 年，我国乡村旅游接待人次达到 30.9 亿，占国内旅游人次的一半[1]，乡村旅游成为农村地区增收致富的重要产业，为我国减贫事业、乡

---

[1] 文化和旅游部. 2019 年我国乡村旅游接待人次占国内旅游人次的一半［EB/OL］.（2020－09－24）［2022－11－20］. https://baijiahao. baidu. com/s？id＝1709237525154219537&wfr＝spider&for＝pc.

村振兴提供了有效途径。国内外学者对乡村旅游概念的界定均认同该旅游活动是在乡村开展，但鉴于乡村既是地域概念，又是社会学概念，导致乡村旅游的定义尚未达成一致。不同领域的研究者从各个角度对乡村旅游的内涵与外延进行了描述。杜江和向萍（1999）认为，乡村旅游是将农村自然风光和活动作为旅游资源，以满足城镇居民求知、回归自然等需求的一种旅游方式。马波（1994）认为，乡村旅游是在农村地区开展的，并依托当地田园风光、农事生产作为旅游吸引物的一种旅游形式。肖佑兴等（2001）将乡村旅游定义为在农村地域，利用城乡差异对农村独有的生产生活、自然风光、农耕文化、农户居所进行规划设计，并能满足旅游者饮食、住宿、娱乐、购物、游玩等的旅游形式。

综观现有文献，学界普遍认同乡村旅游具有以下特点：乡村旅游是一种旅游形式；旅游活动在乡村地域内发生；乡村性是乡村旅游有别于其他旅游产品的本质属性；乡村旅游产品通常包含自然及人文资源（荣慧芳，2022）。

综上，乡村性是乡村旅游的核心，乡村地域的自然和人文资源是乡村旅游得以开展的载体，并在此基础上衍生出一系列不同类型的乡村旅游产品，以进一步满足旅游者的需求。本书在结合以上对乡村旅游概念的梳理和研究的基础上，将乡村旅游定义为以在乡村地区、围绕乡村性打造的各类旅游产品作为旅游吸引物，满足旅游者休闲、放松、娱乐等目的的一种旅游活动。

二、相对贫困

贫困既是经济现象，也是一种社会现象（李雅洁，2022），具有不确定性和动态性的特点。因此，学界对贫困的认识与理解也伴随经济社会的发展现状不断深入与完善。贫困由最初的单一维度的衡量标准向多元维度转变，从最初的经济衡量方式扩展到能力、权利、社会等领域，同时也将评估标准从客观年收入延伸到关注个人的主观感受。

学界最早是从经济、物质层面的匮乏程度来解释贫困，普遍赞同朗特里提出的把个人或家庭所获得的收入不能满足最低需要的情况称为贫困

（许小玲，2022）。这一最低需要包括维持生命所必需的食物、营养和其他方面。绝对贫困是以贫困人口生存问题作为衡量标准，以维持个人或家庭成员的基本支出为尺度，如果小于一定的货币量，便被认为处于绝对贫困状（翟洪江，2022）。但是一些学者对于朗特里关于绝对贫困定义的标准提出了疑问，认为个体是否贫困，不仅受到其收入水平影响，还会受到其他人的影响。英国经济学家汤森指出，贫困不仅仅表现为缺乏基本生计资源，还应当包括他们对正常社会生活参与权的丧失，并将其作为相对贫困定义的准则（高杨、刘庆莲和张堪钰，2022）。国内学者郭熙保（2005）根据已有研究认为，贫困是个人或家庭掌握的资源虽能满足其基本生存需要，但是还不足以满足社会平均生活水平的要求，一般呈现比社会平均生活水平更低的情况。伴随学界对于贫困问题研究的不断深入，其研究内容已由贫困表象转移到贫困的原因上来，并提出相对贫困、多维贫困、权利贫困等其他有关概念。

所谓相对贫困，就是公众在已经解决温饱问题、住房安全和教育问题等其他基本生存需要之后出现的贫困。虽然已满足基本生存需要，但与整个社会相比，个人或者家庭收入以及生活水平仍然是最低的，呈现出相对贫困的状态（宋嘉豪，2022）。即这一定义更多地取决于评价主体的主观感受和经济社会发展现状，呈现出多维性、长期性等特征。

从2020年以后，中国贫困治理将以缩小相对贫困为核心。在我国农村地区乡村旅游不断向前发展的今天，乡村旅游发展目标已从摆脱绝对贫困转向缩短农户之间的相对贫困差异，并不局限于经济层面。因此，本书探讨社区居民参与乡村旅游发展问题，旨在提高农户参与乡村旅游各发展环节的竞争能力，缩短农户之间的相对差距，既注重乡村旅游发展对农户经济方面的促进作用，也关注其获得感、参与度等问题。

三、旅游减贫

我国旅游减贫实践的开展及其显著成效在中国反贫困事业中作出了重大贡献（黄渊基，2020）。此后，国内学界关于旅游减贫的研究不断涌现。但迄今为止，国内学界尚未形成对旅游减贫的统一定义。而在众多的定义中可以发现国内学者对旅游减贫定义的共同点：一般是在具有旅游资源的贫困地区发展旅游产业；旅游减贫是一种"造血式"的扶贫方式；旅游减贫是以旅游业发展为手段、减贫为目标的产业发展方式；旅游减贫的目标是依托旅游业带动贫困地区经济提升或贫困人口脱贫致富，等等。

纵观我国学者对旅游减贫的定义，学者逐步将旅游减贫的目标从"关注贫困地区经济发展"的宏观层面转向"贫困地区经济发展和贫困人口发展"，最终转变为"贫困人口获益与发展"这一微观层面。那么，对旅游减贫概念的把握可体现在以下几方面：一是发展旅游减贫的前提是具有一定旅游资源的农村地区，并非所有地方都适合发展旅游产业。二是旅游减贫的出发点和落脚点都在贫困人口的获益上，这是旅游减贫与一般旅游发展的本质区别。三是旅游减贫是我国众多产业减贫的方式之一，在旅游发展前期，基础设施、道路、医疗等的改善以及旅游产品开发为旅游发展奠定前提条件；在后期，农户积极参与旅游发展，从中获得经济利益，以实现乡村旅游发展目标。

由于我国贫困人口大多集中于农村地区，乡村旅游产业主要集中在农村地区，因此，我国旅游减贫主要是指乡村旅游减贫（颜安，2023）。发展乡村旅游是我国旅游减贫形式之一，其主要是在具备旅游开发的乡村，通过乡村旅游产业的发展以达到贫困人口脱贫的目的。结合以上分析，并考虑到 2020 年后我国已全面摆脱绝对贫困，国家发展乡村旅游的目的主要围绕缩小相对贫困、实现乡村振兴等，使用乡村旅游扶贫不符合当前经济社会发展状况。因此，本书将旅游减贫定义为具有一定旅游资源而经济较落后的地区，通过政府主导、改善农村基础设施和优化农村人居环境以发展乡村旅游，并调动当地农户参与积极性，进而缩小农户之间的相对贫困差距，实现其全面发展的一种产业减贫方式。

四、政府管理

欲厘清政府管理的含义，可通过将其拆分为政府与管理两个词加以剖析。就政府的内涵而言，有广义与狭义之分。广义的政府是指制定规划和规则，并为公民提供公共服务的机构；而狭义的政府仅指国家行政机关

（曹海苓，2021）。本书采用狭义的政府概念。管理一词根据管理学的解释，是指为了实现组织的共同目标，在特定的时空中，对组织成员在目标活动中的行为进行协调的过程（周三多、陈传明和贾良定，2014）。目前国内学界尚未对政府管理形成统一定义，具有代表性的定义有：夏丽（2017）认为政府管理是指国家运用公共权力即国家权力对各项公共事务进行的管理活动。张国庆（2000）在《行政管理学概论》中将政府管理定义为政府在法律原则规定的范围内依法运用国家公共行政权力，以行政效率和社会效益为基本考量标准，处理公共行政事务的过程和活动。李鹏（2010）在《政府管理创新与能力建设》中将政府管理定义为政府特别是执行机关为公众提供服务的活动，行政人员在这种活动中主要是执行别人所指定的政策和法律，关注的焦点是过程、程序以及将政策转变为实际行动，并重视机构内部的管理。综上所述，学界主要倾向于从职责和功能两方面定义政府管理。本书认为，政府管理的定义应包括以下要素：一是行使职能的主体；二是政府管理的客体；三是政府管理的内容；四是履行职能的依据。

因此，政府管理是指国家行政机关为实现农村地区农户的持续减贫，以广泛发展乡村旅游产业为有效途径，并借助国家公权力出台乡村旅游发展政策，对乡村旅游发展目标、资源整合、人才培养、市场监督、参与机制等进行统一管理，从而确保农户有效参与并获益，以及乡村旅游的可持续发展。

五、重游意愿

在消费者行为研究领域，复购可谓是一个经久不息的研究主题，大量的研究致力于识别或检验消费者复购意愿或行为的影响因素、内在机制及其边界条件（廖平和谢礼珊，2022）。在旅游领域，游客重游率是其行为忠诚的重要表征。通过提高游客重游率，不仅可以降低景区的运营成本，而且对提高景区的管理效率及经济效益具有积极作用（寿东奇、姜洪涛、章锦河等，2017）。在旅游学研究中，旅游者的重游意愿是指游客在结束某一旅游地的旅游活动后再次前往该地旅游的意愿，学界通常把旅游者重游意愿作为结果变量，并将其作为探究旅游者重游行为的预测性指标（廖平和陈钢华，2020）。较早的研究主要围绕动机（Dann G. A.，1977）、满意度（周杨、何军红和荣浩，2016）、旅游地形象（Elisabeth K，Celeste E and Mari J C.，2013）、感知价值等方面来研究旅游者重游意愿。此外，旅游者的性别、年龄、学历、年收入等人口统计学因素也是影响旅游者重游意愿的重要方面（陈钢华和黄远水，2010）。

乡村旅游者作为农村地区旅游产业可持续发展的主要推动力，其在某一旅游目的地的重游率越高，将越有助于旅游经营者生计稳定、延长旅游地生命周期、促进农村地区产业多元化发展。本书将重游意愿作为旅游者参与乡村旅游发展的预测性指标，并将重游意愿定义为乡村旅游者在结束某一旅游目的地的旅行后对其有再次旅游的意愿。

第二节　理论基础

一、服务型政府理论

服务型政府理论是我国本土理论，最早可追溯到 1998 年政府行政机构的改革。2004 年，时任总理温家宝在中共中央党校的讲话上正式提出服务型政府建设问题，这标志着我国服务型政府从理论研究转向实践，成为中国政府发展的指导思想（耿亚东，2021）。党的十八大报告首次将建设人民满意的服务型政府作为改革目标，党的十九大报告升华了服务型政府的内涵。经过 20 多年的发展，中国政府顺应全球化变革趋势，与时俱进。服务型政府理论强调政府的职能重心在于为公民和社会提供服务，提倡公民参与，政府与公民之间是平等、合作的互动关系（施雪华，2010）。

张康之（2001）认为，服务型政府从政治学角度剖析是为社会服务，从行政学角度分析是为人民提供公共服务，服务是政府工作的出发点和落脚点。刘熙瑞和段龙飞（2004）认为，服务型政府是一种全新的政府管理模式，是指一种将公民和社会作为服务宗旨，承担服务职能和责任的政府。施雪华（2010）将服务型政府与管制型政府对比，提出政府是否把大部分社会资源用于公共服务中是两者的本质区别。刘祖云（2004）认为，维护公共利益是政府的价值所在，政府要不断转变职能以满足社会对政府的价值需求。

虽然尚未形成统一的服务型政府的概念，但学界对其的界定大多突出以人为本的中心思想，强调政府的工作重点是提供公共服务，维护社会的稳定发展。综合以上观点，服务型政府是指依托乡村独有的旅游资源大力推进乡村旅游产业发展，以满足农户减贫需求，在此过程中，政府各部门以履行公共服务职能为中心，努力确保农户参与发展、帮助其通过参与乡村旅游而摆脱贫困困境的职能部门。

二、公共政策理论

公共政策的"公共"二字体现了政策需要解决什么，即公共事务和问题。乡村旅游属于公共产品范畴，因此，乡村旅游政策体系的构建需要公共政策理论作为依据（温芳芳，2019）。拉斯韦尔将公共政策定义为"含有目标、价值取向、措施的规划"（许斌丰，2019）。我国学者李勇军和周惠萍（2013）将公共政策定义为"由政府为首的公权力主体为解决社会公共事务而制定并执行的法律、条文等总称"。谢明（2011）认为公共政策是"公共权力机关在特定情境中，为达到一定目标而制定相应的行动方案或行动准则"。乡村旅游公共政策其主要目的就是为在贫困地区推进乡村旅游减贫事业的发展而制定相应的准则、措施，以推动此项事业的发展。贫困地区发展乡村旅游是一系列资源综合运用的过程，需要公共政策在乡村旅游启动前期、启动期和乡村旅游运行的整个阶段发挥作用，以实现乡村旅游减贫目标。

公共政策具有导向、调控、分配这三项基本功能（姜红仁，2017）。一项公共政策的颁布首先是为了解决社会发展过程中出现的社会问题。政府部门根据特定目标、借助政策手段对政策主体和客体的行为及事物发展予以引导与规范。其次，政府各部门根据相关目标制定与运用各项公共政策，以对社会问题及其所涉及的利益群体进行规范与限制，进而起到调控作用。最后，由于公共资源的有限性，社会中的各利益主体都希望借助有限的资源产生最大的经济效益，这就存在利益的合理分配与资源的有效配置问题，政府通过出台相关公共政策调整各方利益主体的分配，以确保政策目标得以顺利实现。

如前所述，乡村旅游是在农村地区，将围绕乡村性进行打造的各类旅游产品作为旅游吸引物，以满足旅游者休闲、放松、娱乐等目的的一种旅游活动。而乡村旅游得以在农村地区顺利开展，需要前期注入大量的人力、物力与资金，以及完善基础设施建设与旅游产品等。这些需求属于公共政策范畴。而且，支持乡村旅游产业发展也是社会公共事务的组成部分。政府通过金融、税收、规划、市场准入机制、监督等手段支持乡村旅游产业发展，是其通过公共政策推进农村地区全面发展的表现手段。乡村旅游公共政策应贯穿整个乡村旅游产业发展政策体系全过程，从农村地区发展乡村旅游的预备期再到推进期和壮大期等各个阶段都应合理运用公共政策，发挥其优势。

三、相对贫困理论

随着我国经济社会的不断发展，生存型贫困问题已得到有效解决，我国农村地区贫困问题的研究也逐渐从绝对贫困向相对贫困转变。相对贫困理论中的贫困包含了个体物质和精神双重层面的贫困，而相对则是指个体相对于其他社会成员而言，低于社会平均水平或社会实际水平（黄大徐，2023）。它并不是仅仅指个体或家庭维持基本生活所需，更多的是指个体或家庭低于社会平均水平所反映出的状态（刘晓萌，2022）。相对贫困具有很强的主观性，每个人的判断标准不同。只要存在发展不平衡，相对贫困就会存在，相对贫困并不会因为生存型贫困的消除而消失，其覆盖范围更大，因此，缩小我国农村地区相对贫困问题是我国实现农业农村现代化的重点之一。

随着各国学者对相对贫困研究的不断深入，不同研究者提出的相对贫困划定标准也不尽相同。一些高收入经济体普遍将家庭收入中位数的60%作为相对贫困线的划定标准，欧盟将可支配收入中位数的60%作为的阈值

（李莹、于学霆和李帆，2021）。到目前为止，我国尚未形成统一的划分标准，但学界对相对贫困进行了深入探索。部分学者提出将农村居民人均收入的40%~50%作为划分标准（孙久文和夏添，2019），也有部分学者建议分别按照城乡居民人均可支配收入和农村居民人均可支配收入的中位数分别制定相对贫困线（邢成举和李小云，2019），将农村地区人均可支配收入的50%作为依据，这不仅有助于缩小城乡差距，也避免了大规模的新贫困人群的出现，缓解了国家经济压力。

2020年后，我国农村地区贫困问题的研究将围绕相对贫困的减缓。与此同时，乡村旅游产业的发展方向将不仅仅只关注农户经济层面的减贫，更重要的是通过乡村旅游缩小农户之间的相对贫困，使农户实现多维度的减贫。

四、旅游乘数和漏损理论

"乘数"一词属于经济学概念。1931年，卡恩在《国家投资与失业关系》中首次提出乘数理论（黄渊基，2019）。该理论认为，由于国民经济中各部门相互关联，其任一部门的变化将会对其他部门收入、就业等产生不同程度的影响，后者的变化量与导致这种变化的最终需求变化量之比即乘数（王颖，2006）。乘数理论表明某行业收入的增加不仅会为本领域注入资金流，还会在整个国民经济系统中产生一系列连锁反应，最终引起国民收入成倍数增加。

鉴于旅游业关联带动性强的特点，旅游学界将乘数理论加以完善，并形成了旅游乘数理论。在旅游乘数理论形成之初，这一概念是指最初旅游消费在一段时间内所引起的总收入效应。虽然这一定义在一定程度上突出了旅游所带来的经济效益，但它将旅游乘数等同于收入乘数，具有一定的不足。我国学者李元元（1991）将其定义为旅游消费引起旅游目的地各种经济现象变化的程度。

国外学者把旅游乘数效应划分为三类：直接效应、间接效应、诱导效应。旅游者到旅游目的地进行消费使得外来资金注入当地经济，进而产生直接效应。随后，旅游经营者将直接效应所带来的收入运用到今后的旅游经营活动中。伴随旅游收入不断流入到当地各部门，该地的就业率和收入水平会得到明显提升，即间接效应。随着旅游地居民收入水平的提高，其消费实力也会进一步增强，从而推动当地经济进一步提升，即诱导效应。

与旅游乘数效应相对的是旅游漏损。漏损的途径主要包括对旅游目的地进行打造的过程中所购买的设备和原材料、外商投资者将旅游收益输送回他国、外来劳务或贷款的分期偿还等。可见，外商投资者将所获旅游收益输送他国导致经济效益大量漏损，设备、原材料、外来劳务等也将对旅游漏损产生不同程度的影响。一些农村地区囿于自身物质资源薄弱，往往通过优惠的分红政策吸引外商投资。而作为投资者，参与旅游发展，其考虑的首要问题就是如何最大限度获利。一方面，外来投资者是旅游开发的重要参与主体；另一方面，他们也是旅游收益分配的一部分。所以，外来投资者在旅游收益分配中所占比例将会影响旅游漏损情况严重与否。旅游漏损会使旅游发展带动的当地经济增长速度放缓，进而演变为该地区旅游发展对相关行业的关联带动性不强。因此，在突出旅游发展所带来的乘数效应时，同样还要关注农村地区发展中的旅游漏损，只有最大限度控制漏损情况，才能有效调动社区居民的参与积极性。本章基于农户感知视角，科学构建乡村旅游减贫效应评价指标，实证分析乡村旅游发展所带来的旅游乘数效应和旅游漏损情况，以评估旅游发展所带来的多重减贫效应是否真正由社区居民享有。

五、扎根理论

1965 年，格拉斯和斯特劳斯提出了扎根理论，并将其应用于医院中死亡问题的研究中（胡涛涛，2023）。该理论是通过系统地收集资料，并对其进行归纳与总结进而得出研究结果的一种质性研究方法（程玉桂和陈建毅，2023）。扎根理论所用到的数据资料既可以通过实地观察和访谈、现场调研等方式所获得的一手材料，也可采用查阅政府公告、文献等方式获得二手资料（杨春林，2022）。将收集到的数据资料进行分解，不断相互比较以提炼出核心概念与主要范畴，从而得出研究结果。该理论包含经典扎根理论、程序化扎根理论以及建构型扎根理论三大流派。其中，经典扎根理论强调研究人员通过观察的方式获得研究结果；程序化扎根理论则要求研究人员可以构建诸多研究设想，但研究边界却要借助规范化的标准来界定；建构型扎根理论则兼顾了典型扎根理论和程序化扎根理论的方法与假设逻辑（陈阳，2023）。各流派的编码方式存在差异，但科学、合理的编码过程及分析是扎根理论的重要保证。考虑到本章的研究目标，并结合当前学界普遍采用的程序化扎根理论的编码方式，全面剖析四川省各公共部门为全面促进乡村旅游产业发展所出台的公共政策，避免研究者本人主观认知而对研究结果产生的影响，主要步骤如下：

第一，开放式编码。将收集到的关于乡村旅游减贫的政策文件进行逐句阅读，在识别各文件中所反映的各类政策措施、现象的异同后为其贴上标签，然后将以上标签进行聚类处理。

第二，主轴式编码。是使各标签间相关联的过程，即将开放式编码中的各类标签联结在一起，形成更高一层次的范畴（陈水映，2022）。

第三，选择性编码。即找出核心范畴，通过梳理主轴式编码中的各类范畴间的关系及脉络，达到准确解释各公共部门为促进乡村旅游减贫事业而采取哪些策略、措施、手段等的目的，以揭示当前各级公共政策的优势与不足。

六、复杂性理论

复杂性理论是一种以非线性组合方式来对现实世界进行建模的概念（许娟和程励，2020）。其关注自变量间的组合方式对因变量产生的影响，能更深入剖析自变量与因变量的复杂关系，有效回答传统线性方法中无法解释的自变量间相互影响引致结果发生变化的情况（范香花和程励，2020）。由于旅游者行为的实际发生是一系列复杂的抉择过程，受旅游者主体、客观因素等交互影响，采用复杂性理论有助于深入解释旅游者行为。

复杂性理论已逐渐被运用到旅游研究中。许娟和程励（2020）采用基于复杂性理论的模糊集定性比较分析方法对旅游地居民旅游满意度的复杂性进行探讨，研究发现18种高水平满意度和13种低水平满意度的前因条件组合。孙佼佼和郭英之（2021）探讨了旅游者幸福感的多重复杂并发因果关系。

七、情绪评价理论

情绪评价理论已被运用到多个研究领域，如心理学、市场营销学（Lisa Watson，Mark T. Spence，2007）、消费者行为学（Isabella Soscia，2007），这为分析个体情绪变化如何影响重游意愿提供了理论依据。由于情绪是基于个体对外部事件的认知而产生的一种主观评价，不同个体对于旅游健康风险的主观感受所引起的情绪反应存在差异，并可能导致其以具体行动对此情绪作出回应（涂红伟、熊琳英、黄逸敏等，2017）。情绪的产生不仅受外界的影响，还会受目标、人格特征、期望等个体内在因素的影响，这就导致外部刺激与情绪之间存在多变性（牛璟祺，刘静艳，2022）。这也使得个体对外部事件的认知评价结果具有较强的主观性，即使针对同一事件，不同个体所产生的行为反应存在较大差异（Siemer M J，Gross J，Mauss I.，2007）。情绪评价理论正是从客观事件与主观感知的交互影响出发解释了情绪对人的行为的作用。该理论还阐释了个体为什么会作出如此举动。其不仅关注情绪的产生，同时也注意到情绪所诱发的相应行为（何莽、张紫雅、黎耀奇等，2022），有助于更深入地探讨旅游健康风险给旅游者造成的情绪变化和重游意愿之间的关系。在旅游研究中，涂红伟等（2017）从情绪视角研究旅游地形象对旅游者行为的影响机制，剖析了旅游地形象如何导致情绪的产生，并进一步引起的后续行为反应。殷英梅（2018）基于情绪评价理论剖析了当旅游者存在不文明旅游行为时，其他旅游者的道德情感维度及行为倾向。通过对情绪评价理论的运用，有助于更全面地阐释旅游者情绪变化对其行为产生影响的作用机制。

具体到重游意愿研究，大多基于计划行为理论而展开研究（刘佳和王焕真，2019），该理论假设人的行为是理性的，个体是否采取某一行为的直接决定因素是行为意向，这为旅游者行为研究提供了理论参考（张圆刚等，2017）。然而，计划行为理论在旅游者行为研究中的运用尚存在局限性，一方面，该理论假定人的行为是理性的，忽视了个体差异及其情绪变化对重游意愿的影响；另一方面，计划行为理论模型并不完美，特定情境下的行为研究还需考虑其他相关因素（Ajzen Icek，1991），而情绪评价理论则可以弥补计划行为理论在重游意愿研究中存在的不足，能从客观事件与主观感知的交互影响出发解释情绪对旅游者行为的作用，为探讨旅游健康风险所产生的情绪变化如何调节乡村旅游者重游意愿提供了良好的理论基础。因此，本章将情绪评价理论作为理论基础，将旅游健康风险作为影响乡村旅游者情绪变化的测量维度，重点关注乡村旅游者因旅游健康风险感知而带来的情绪预判，探讨旅游健康风险对其重游意愿的交互机制。

八、利益相关者理论

本章将对推动乡村旅游产业发展的重要参与者的参与方式以及协调机制进行研究，根据研究的需要，本章将根据利益相关者理论对三者进行系统梳理，明确各主体的参与方式及其目标。

利益相关者理论认为，公司的发展是所有利益相关者投入与参与的结果（祝帅，2022）。如果没有利益相关者的支持，企业难以得到进一步的发展（李志军，2023）。一个团体中的利益相关者既包括主动影响团体发展的个人，也包括被动受到团体影响的个人或组织，而凡是与团体有关系的主体，无论是群体还是个人，都属于团体中的利益相关者（Blair M M，Stout L A，1999）。全体利益相关者协调参与，共同推动了团体的发展，若其利益受损，利益相关者则可能退出团体，或以不配合、消极应对等方式表达不满，所产生的负面影响必将弱化团体的发展动力（于健慧，2021）因此，保障利益相关者的权益是实现发展目标的有效动力。

结合上述分析以及本章对探讨乡村旅游发展中多元主体协同参与的行为逻辑与现实路径的启示主要在于：由于本章以乡村旅游减贫的利益相关者作为研究主体，在对乡村旅游发展中利益相关者的分类方面，传统的分类方法主要是从要素供给、需求、监管等方面出发，但乡村旅游产业的关联带动性较强，所涉及的利益相关者主体众多，难以穷举的同时也存在身份的多元化（祝帅，2022），推进乡村旅游产业发展的各方要素供给无处不在，监管主体更是无处不在，对乡村旅游参与主体或利益相关者的划分无法照顾到方方面面。根据国家宏观政策导向，采用利益相关者理论，创新性地从公共部门、农户、乡村旅游者的视角出发，探究多元主体参与乡村旅游发展的行为逻辑与路径。研究目的不仅在于厘清各参与主体参与的形式及作用边界，更在于为施政者提供关于乡村旅游可持续发展的有益参考。

第三节　小　　结

　　本章主要对研究多元主体协同参与乡村旅游发展所涉及的相关理论基础进行了梳理。首先，梳理文献对乡村旅游的界定，同时提出其在本章中的内涵。在对乡村旅游相关内容进行分析的基础上界定了旅游减贫、政府管理、重游意愿、相对贫困、乡村旅游等在本章中的基本概念，并将其作为研究的基点。其次，对研究乡村旅游发展中政府管理所运用到的相关理论进行阐述，包括服务型政府理论、公共政策理论、旅游乘数和漏损理论、扎根理论、复杂性理论、情绪评价理论、利益相关者理论。

第三章 多元主体协同参与乡村 旅游发展的机理分析

多元主体协同参与乡村旅游发展是实现旅游可持续减贫的必然要求与路径，共同富裕是乡村旅游发展的必然目标。当前我国乡村旅游发展面临着持续动力不足、经济效益低下、贫富差距加剧等问题（孙九霞和王淑佳，2023），亟须明晰多元主体共同推动乡村旅游发展的内在机理。

第一节 多元主体协同参与乡村 旅游发展的理论逻辑

从全国平均水平来看，乡村旅游为解决贫困户脱贫占到整个扶贫总任务的 17%～20%，带动了全国 12.8 万余个贫困村摆脱贫困，俨然成为农村发展的新动能，也是保护生态环境和传承农耕文化的有效方式（罗莹和姚增福，2022）。与此同时，实践结果表明，中央、省级、各地市州相继持续出台的推进乡村旅游发展的支持政策已取得显著成效（罗莹和姚增福，2022）。2020 年后，我国绝对贫困已全面消除，但乡村旅游政策如何持续发力以实现共同富裕，成为当前旅游学、经济学等领域亟待解决和提高的理论和实践问题。当前我国学界围绕乡村旅游政策的研究还处于初步阶段，已有研究大多以国外乡村旅游政策的经验推介、对策建议以及短时段的对部分乡村旅游政策进行单维度的研究为主，缺乏针对我国乡村旅游政策展开深入剖析及其政策演进与执行效力评价的研究（马静，2021）。

此外，社区居民作为旅游扶贫的关键参与者和受益者，不仅是旅游产品的有机组成部分，也是乡村旅游产业发展的重要利益相关者。农户通过参与乡村旅游发展可以有效拓宽其收入来源，是确保当地旅游产业可持续发展的前提与基础。然而，由于乡村旅游发展涉及政府、农户、旅游者等多方利益相关者，在乡村旅游推进过程中容易出现项目运营不合理、管理存在漏洞、利益分配不科学等问题，导致旅游漏损、精英俘获等现象时有发生，农户常处于参与旅游发展的边缘状态（兰金秋、于立新和王会战，2019）。这在一定程度上影响了农户旅游参与的积极性，阻碍了当地旅游业的可持续发展。探讨乡村旅游发展过程中农户的参与感和获得感，有助于提高农户参与积极性以及推动乡村旅游产业的可持续发展。

乡村旅游者作为旅游扶贫的又一推动力量，其在旅游地开展旅游活动而使当地农户获得旅游收益是乡村旅游可持续发展的重要保障。在旅游消费者行为研究中，由于重游者与初游者相比，对旅游地的经济贡献作用更大，有利于降低旅游地的经营成本（罗莹和姚增福，2023），学界常常将旅游者重游意愿作为旅游者重游行为的预测性指标，主要围绕动机（Dann G. A.，1977）、满意度（周杨、何军红和荣浩，2016）、旅游地形象（Elisabeth K，Celeste E，Mari J C，2013）、感知价值等方面来研究旅游者重游意愿。此外，旅游者的性别、年龄、学历、年收入等人口统计学因素也是影响旅游者重游意愿的重要方面（陈钢华和黄远水，2010）。在研究对象的选择上，现有研究大多探讨风景名胜区关于旅游者重游意愿的影响因素，而乡村旅游独有的乡村性使其旅游产品与传统的旅游景区存在差异，导致旅游者重游意愿的研究结论缺乏针对性。

第二节　多元主体协同参与乡村旅游发展的现实逻辑

一、中国社会制度和民众对美好生活的向往是乡村旅游发展的内在动因

城乡居民对生活质量的个人追求以及各级政府对农村发展的高度重视在乡村旅游中得到高度契合，成为当前社会积极探索乡村旅游发展的

内在动力。

二、旅游者由城市到乡村的规模化持续旅游流动是乡村旅游发展的有效动力

由于城乡生活环境的差异，城市居民在与乡村自然、文化和他人的旅游互动中获得了不同于城市日常生活的丰富体验与意义建构。其通过在乡村自然生态环境中开展短时间游憩活动、消费乡村农副产品而获得因接触自然带来的身心恢复，同时也有效带动了乡村旅游经济的持续创收。其在某一旅游目的地的重游率越高，越有利于农户生计稳定、延长旅游地生命周期、促进农村地区产业多元化发展。

三、农户有效参与促成农村资源与经济效益相互转化这一循环反应

发展乡村旅游不仅整合了农村多种资源，推动了当地基础设施建设，同时也对地区经济增长有加速作用。乡村旅游业对低收入家庭的增收贡献作用要大于高收入家庭，其有效拓宽了农户就业渠道、提高了农户人力资本，农户以不同参与方式从旅游发展中受益，从而获得物质或精神富足（朱长宁和鲁庆尧，2023）。

四、乡村旅游的快速发展得益于国家政策的高位指导

从摆脱绝对贫困再到乡村振兴战略这一系列致力于解决我国"三农"问题的伟大举措，将农业强、农村美、农民富的思想体现得淋漓尽致。自1991 年贵州省旅游局率先提出"旅游扶贫"理念后，乡村旅游在全国各地得到广泛推进，在农村地区农业增产与农户增收、实现乡村提振与兴盛等方面取得成效显著。2011 年，旅游扶贫作为产业扶贫方式之一首次出现在国家文件《中国农村扶贫开发纲要（2011—2020 年）》中。此后，各地区不断推出各类政策措施，致力于为乡村旅游的发展提供各类资源保障。2015 年颁布的《中共中央　国务院关于打赢脱贫攻坚战的决定》中提出，贫困地区应依托独特的人文自然资源优势，因地制宜推进乡村旅游扶贫，

让贫困人口分享旅游红利并实现脱贫致富①。因此，发展乡村旅游既是强区富民和乡村振兴的手段，也是改善社区农户生活质量、实现共同富裕的重要载体（王金伟、张丽艳和王国权，2022）。

第三节　多元主体协同参与乡村旅游发展的内在机理

最早关于乡村旅游的研究仅关注与乡村旅游产业发展有关的某一类特定人群。随着旅游研究的不断深入，现有的乡村旅游产业研究对象集中在旅游者、社区农户、政府等方面，具体关注其在旅游产业开发、发展和管理等方面的利益诉求及角色定位等（祝帅，2022）。李华强等（2020）基于利益相关者理论构建了关于农户、政府、旅游者的三方动态博弈演化模型，深入探讨了在推进乡村旅游产业过程中各核心利益主体之间的行为特征及影响因素。

一、政府参与乡村旅游发展的内在机制

20世纪80年代末，"中国农民旅游业协会"更名为"中国乡村旅游协会"，对我国乡村旅游具有重要意义，可以看作是我国乡村旅游兴起的重大标志性事件（马静，2021）。多年来，乡村旅游经历了萌发、全国涌动、大力发展、集约提升等阶段，乡村旅游的迅速发展很大程度得益于国家政策的高位指导和高层引领。特别是当前公众对绿色旅游产品、康养需求的日益关注与追求，倒逼乡村旅游从产品供给、生态环境保护、各种管理机制上思考改革与创新，这不仅需要乡村旅游政策供给的高层引领，也需要乡村旅游政策治理效能的本地转化，更需要乡村旅游政策执行目标体系的逐步导向与反馈。

从1989年乡村旅游的萌发到2010年首次从国家层面对农村地区发展

---

① 新华社. 中共中央　国务院关于打赢脱贫攻坚战的决定［EB/OL］.（2015－12－07）［2021－09－02］. http://www.gov.cn/xinwen/2015－12/07/content_5020963.htm.

乡村旅游有利于地区区域经济增长、生态环境改善、产业多元化等方面作出肯定，国家先后出台了多项促进乡村旅游发展的政策举措，致力于为乡村旅游发展提供指导与赖以发展需要的各类资源保障。舒伯阳等（2019）系统梳理了过去30年国家围绕乡村旅游产业发展所构建的政策体系，揭示了乡村旅游政策演进的特征，如政策导向和干预内容始终与国家发展目标相契合、政策发文部门逐渐多元化，并进一步针对乡村旅游产业发展提出了政策制定、运行、落地和反馈等相关建议。姚旻等（2021）的研究指出，乡村旅游政策目标应从单一产业发展转向与乡村振兴战略全面衔接，政策内容应从产业要素配置扩展到社会文化生态环境建设，政策工具应从环境型为主转向环境与需求型相结合。于法稳（2017）指出，国家出台的一系列政策极大地推动了我国乡村旅游业的发展，使得越来越多的农民，特别是贫困人口，从发展乡村旅游业中获得收益。叶红（2007）采用案例分析法得出乡村旅游产业供给、需求、政府的交互作用构成了旅游产业发展的驱动机制。

乡村旅游政策文件是政策主体、政策内容以及政策工具的重要载体，对其进行多维度的质性与量化分析，不仅可以梳理总结我国乡村旅游政策发展的脉络与不足，系统了解我国乡村旅游的政府治理经验，也可以为今后乡村旅游的政策实践提供启迪与借鉴。此外，深入剖析乡村旅游政策文件有助于检验基层的执行效率。

二、社区居民参与乡村旅游发展的内在机制

贫困与反贫困是人类发展至今仍需解决的世界难题（邓小海，2015）。伴随我国工业化、城镇化发展趋势的加剧，乡村衰落成为必然结果（申始占和王鹏飞，2022）。改革开放以来，我国城乡之间的差距进一步不断扩大。中国共产党从成立以来就把消灭剥削、消除贫困、实现共同富裕作为奋斗目标，从最初计划经济体制下的救济式扶贫到"八七"扶贫攻坚计划下的体制性扶贫，再到整村推进、产业化扶贫，以及最终的精准扶贫（黄渊基，2021）。随着脱贫难度的不断加大，各地也在积极探索脱贫方式。20世纪90年代，贵州省旅游局在旅游局长工作会议上率先提出旅游扶贫

概念（罗莹和姚增福，2022），经过几年的实践证明，乡村旅游能实现贫困地区区域经济增长。2011 年，中共中央、国务院颁布的《中国农村扶贫开发纲要（2011—2020 年）》中明确提出，"充分发挥贫困地区生态环境和自然资源优势，推广先进实用技术，培植壮大特色支柱产业，大力推进旅游扶贫"，① 首次从国家层面认同了乡村旅游扶贫是一种行之有效的产业扶贫方式。而旅游扶贫的目标则是在经济发展相对落后的地区发展乡村旅游产业，通过农户的广泛参与，发挥其内生发展动力，以拓宽其收入来源、助力其摆脱贫困境地。国内外学者对旅游减贫效应进行了大量研究，其结论大概有三种，即旅游发展能帮助农户减缓贫困（赵磊、方成和毛聪玲，2018）、旅游不利于其减贫（Sharpley R，2009）及旅游与减贫无关（Muchapondwa E and Stage J，2013）。研究结果存在分歧的原因在于学界对衡量旅游减贫成效所选择的研究尺度与旅游发展模式存在差异（李如友和郭鲁芳，2017）。在宏观尺度，学界主要以某一国家或区域作为研究对象，采用宏观数据评估减贫成效。如徐淑红利用省级面板数据实证发现乡村旅游与农村经济发展呈"U"型关系（徐淑红，2020）。但也有学者提出，区域经济增长并不代表贫困人口真正获益（周歆红，2002），在经济发展相对落后的地区生活的人未必都是贫困人口，非贫困人口或外来人员因物质资本、信息吸纳能力、权利资本、发展机会等条件优于贫困人口，往往导致贫困人口被排除在乡村旅游发展的受益群体之外。此外，由于乡村旅游开发存在风险性，而贫困人口自身应对风险的能力较弱，对农村新兴产业的认同度较低，其往往倾向于选择务农或外出务工的生计模式，这进一步导致弱势群体在乡村旅游发展中的获益有限。经济社会发展所带来的成果有时并不会自动流向贫困人口，反而导致其往往处于参与发展的边缘，"旅游飞地""旅游漏损"现象严重。此后，学界将研究视角转向农户微观尺度，实证旅游发展能增加农民就业机会（Nunkoo R and Ramkissoon H，2011）、提高个人收入及改善其生活状况（Kim K，Uysal M and Sirgy M J，2013），并提出政府需要从宏观层面对乡村旅游发展进行顶层设计、战略规划、优化城乡资源配置，并成为确保农户在乡村旅游发展中具有主

---

① 中华人民共和国中央人民政府．解读《中国农村扶贫开发纲要（2011—2020 年）》［R/OL］．（2011 - 12 - 01）［2022 - 10 - 20］. http://www. gov. cn/jrzg/2011 - 12/01/content_2008683. htm.

体地位、获得稳定的旅游收益、改善自身生活水平的重要保障。即从宏观层面把握各公共部门关于旅游发展的方向及目标，从微观农户层面对我国乡村旅游发展减贫效应进行对比分析，找出宏观发展目标与农户感知减贫效应的差异与不足，为公共部门后期制定旅游发展规划、政策依据提供参考。

本章基于构建的乡村旅游政策执行效力评价指标体系和农户参与意愿影响因素的评价量化模型，以四川省6个乡村旅游示范村为案例地进行实证研究，基于6个乡村旅游示范村农户的问卷调研所获取的一手数据，以检验乡村旅游政策执行效力以及深入挖掘农户作为旅游减贫这一重要参与者和受益者的动力机制。

三、旅游者参与乡村旅游发展的内在机制

在旅游学研究中，学界通常把旅游者重游意愿作为结果变量，并将其作为探究旅游者重游行为的预测性指标（廖平和陈钢华，2020），主要围绕动机（Dann G A，1977）、满意度（周杨、何军红和荣浩，2016）、旅游地形象（Elisabeth K，Celeste E，Mari J C，2013）、感知价值等方面来研究旅游者重游意愿。此外，旅游者的性别、年龄、学历、年收入等人口统计学因素也是影响旅游者重游意愿的重要方面（陈钢华和黄远水，2010）。现有研究显示，旅游者不仅同时表现出极高的求新动机和极高的重游意愿这两种相互矛盾的态度（廖平和谢礼珊，2022），在实际情景中各旅游地的重游率究竟如何也存在争议。一方面，对于绝大多数的旅游者来说，一生当中的旅游次数是有限的，其可能倾向于选择尚未体验过的旅游目的地开展旅游活动，而降低对已体验过的旅游地兴趣（廖平和陈钢华，2020）；而另一方面，国内大部分旅游景点的重游率不足1%（张雪松，2021），说明旅游者大多可能倾向于前往未曾体验过的旅游地开展旅游活动。

在研究对象的选择上，现有研究大多探讨城市旅游地旅游者重游意愿的影响因素（陈钢华和黄远水，2010），而乡村旅游独有的乡村性使其旅游产品与传统的旅游景区存在差异，导致旅游者重游意愿的研究结论缺乏针对性。旅游者作为农村地区旅游产业可持续发展的主要推动力，其在某一旅游目的地的重游率越高，越有利于农户生计稳定、延长旅游地生命周

期、促进农村地区产业多元化发展。那么，如何提高旅游者的重游意愿进而增加其对旅游地的重游率，不仅关系到旅游经营者的经营成本、收入来源是否稳定，也关系到乡村振兴目标的实现。

此外，在研究方法上，探讨旅游者重游意愿的实证研究普遍采用传统的定量分析方法，该方法是一种假设各自变量间彼此互不影响的因果对称性模型（罗莹和姚增福，2023），缺乏根据经济社会现状对旅游者重游意愿的定性研究，如突发公共卫生事件所带来的旅游健康风险作为潜在影响因素，及其与已有影响因素的交互作用导致重游意愿发生的组态效应研究，致使已有研究结果无法解释自变量间相互作用而共同导致重游意愿结果发生变化的多种等效实现路径问题（许娟和程励，2020），理论贡献上稍显不足。由于旅游者行为的实际发生是一系列复杂的抉择过程，受旅游者时间、金钱、动机等多因素的交互影响，采用多因素交互作用导致结果变量发生变化的非对称模型进行分析，不仅有助于对旅游者重游意愿进行深入研究，也丰富和完善了旅游决策理论、为旅游地营销实践提供参考。

因此，本章将旅游者作为参与乡村旅游减贫的又一重要主体，在理论分析与计量分析已有重游意愿影响因素的基础上，纳入旅游健康风险变量，基于复杂性理论构建乡村旅游者高重游意愿的复杂因果模型，以四川省乡村旅游示范村为案例地进行实证研究，基于旅游者问卷调研所获取的一手数据，从旅游者层面评价乡村旅游可持续减贫的作用路径和检验乡村旅游政策执行效力。

第四节　多元主体协同参与乡村旅游发展的路径选择

结合上述分析，政府层面的乡村旅游政策引领是我国农村地区乡村旅游发展的重要保障，农户的有效参与是发挥其内生发展动力、实现减贫目标的关键，旅游者作为又一重要参与主体，是农户获得旅游收益、实现减贫目标、推进乡村旅游可持续减贫的重要来源。基于此，本章构建了多元主体参与乡村旅游发展的作用模型，如图 3 - 1 所示。

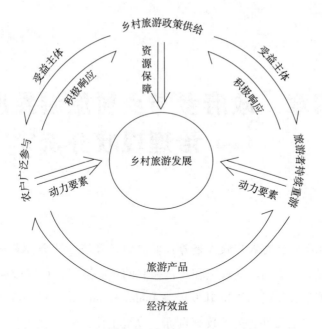

图3-1 多元主体参与乡村旅游发展的作用模型

第四章　政府参与乡村旅游发展的治理现状分析

乡村旅游对拓宽农户收入来源，促进地区经济、社会、文化、生态等方面效果显著，成为脱贫攻坚和乡村振兴的重要途径。各级政府部门也以不同的政策组合积极地推动其发展（Ashley C and Roe D，2002），所颁布的乡村旅游政策文件涵盖了政策目标、政策主体、经济、社会、环境、文化等方面，对其进行质性分析不仅能明晰乡村旅游发展的目标、扶持手段、政策工具组合方式以及政策制定所存在的不足，还能作为乡村旅游减贫中政府管理的重要依据，从而奠定基于农户视角评价乡村旅游减贫中政府管理成效的基础。

第一节　乡村旅游发展中政府管理的必要性

一、利益相关者的复杂性

利益相关者是乡村旅游发展中无法回避的议题，其直接影响旅游发展目标的实现，甚至可以说，贫困地区发展乡村旅游所要重点解决的就是各利益相关者的旅游收益问题（朱宝莉，2020）。乡村旅游发展主要涉及的利益相关者包括政府、旅游企业、当地社区、农户等。而这些利益相关者参与到旅游发展中，必然会有各自的利益诉求，从而对乡村旅游减贫的目标和利益分配产生影响。由于企业自身的逐利性，导致其在推进乡村旅游发展的过程中往往以牺牲生态环境为代价换取自身利益最大化。此外，农村地区囿于经济基础、人口素质等较为薄弱，为了成功招商引资，社区将大部分旅游收入分配给旅游企业或外来经营者，导致需要受到帮助的农户并未从旅游发展中真正获益以及乡村旅游发展目标发生偏离。

二、有效化解乡村旅游产品供需之间的矛盾

由于我国贫困地区广泛推进以旅促农事业的发展，但存在部分地区未有效评估可利用的旅游资源而盲目开发乡村旅游产业，导致旅游产品的供给呈现出同质化、低质化的趋势，不能较好地满足旅游者的需求。与此同时，不同时期的参与者、旅游者的动机存在差异，需要政府及时调整相应公共政策以确保参与者、旅游者维持在一定水平，确保乡村旅游的可持续发展。

三、促进旅游资源的优化配置

实现贫困地区乡村旅游发展意味着要对农业、人文、自然资源等加以开发利用，以及人、财、物等的合理分配。由于企业自身的逐利性，导致其往往以牺牲乡村环境为代价而使得自身利润最大化，未能较好地实现地区经济发展与环境保护的有机结合，阻碍了乡村旅游业的永续发展。与此同时，在推进乡村旅游发展的过程中，政府部门需要及时对发展情况进行分析与评估，及时做好人、才、物的动态调整，发挥其领导者与执行者的作用，以达到资源的优化配置。

四、监督乡村旅游产业可持续运行

旅游产业关联带动性强，囊括的行业非常广泛，包括"餐饮、酒店、交通、娱乐、购物"等（王晓丽，2023）。各类经营者在追求经济利益的过程中往往忽略了自身的社会责任，导致恶性竞争、宰客问题频发。乡村旅游产业平稳有序运行离不开各级政府部门的监督管理。

五、科学制定发展规划

乡村旅游是一项参与人数众多的社会性活动，每个人的角色也存在差异，除了最直接的旅游者与农户外，提供旅游产品之一的旅游企业也是其

中一员。而囿于乡村旅游发展涉及基础设施建设、道路、发展模式、农业用地等方面，各参与主体之间的合作显得尤为重要。保障各方利益、实现旅游产品供给与市场需求相匹配则需要各级政府部门深入农村开展考察、对旅游市场进行调研，判断该村是否具有发展潜力以及旅游产品是否具有吸引力。在此基础上，政府部门不仅制定乡村旅游发展的总体规划，还要制定餐饮、住宿、交通、通信、娱乐等配套产品的规划，以及旅游经营者的培养计划、旅游地的宣传规划（王晓丽，2023）。

第二节　政策文本分析评估政府管理成效的合理性

1989年，"中国农民旅游业协会"正式更名为"中国乡村旅游协会"，标志着我国乡村旅游拉开序幕（马静，2021）。1991年，贵州省旅游局率先提出在贫困地区发展旅游产业以摆脱贫困的构想（罗莹，姚增福，2022）。伴随国家对"三农"问题的高度重视，乡村旅游逐步发展壮大。从萌芽到部分地区发展，再到全国大力推进，都依赖于国家的政策引导和制度安排。如2011年中共中央、国务院颁布的《中国农村扶贫开发纲要（2011—2020年）》[①] 以及2018年出台的《中共中央 国务院关于实施乡村振兴战略的意见》，都从国家层面充分肯定了乡村旅游对农村地区经济增长的作用，是解决"三农"问题的重要突破口（马静，2021）。各级部门以国家乡村旅游政策为引领，因地制宜出台相应发展政策，推动乡村旅游产业的广泛开展。

在中国特色社会主义制度下，公共政策成为引导农村地区乡村旅游发展的主要力量。在脱贫攻坚时期，我国乡村旅游减贫事业的推进高度依赖于国家政策引导和制度安排。如今，乡村振兴战略的实施——如何将前期脱贫成果与乡村振兴有效衔接、继续发挥乡村旅游减贫的作用、丰富农村产业结构类型以及实现乡村旅游产品的转型升级——更需要科学的政策制定作为指导。出台相关的旅游发展政策和规划也是政府部门参与乡村旅游

---

① 中华人民共和国中央人民政府．解读《中国农村扶贫开发纲要（2011—2020年）》[R/OL]．(2011－12－01)[2022－12－01]．http://www.gov.cn/jrzg/2011－12/01/content_2008683.htm.

发展的主要形式（Ashley C，Roe D，2002）。因此，本章以宏观层面的政策文本作为切入点，将公共部门所颁布的乡村旅游政策文件作为分析乡村旅游减贫中政府管理的依据。

第三节　研究案例的选择标准

为确保有效评估四川省乡村旅游产业发展成效，本章将 2020 年四川省 21 个市州地区生产总值进行由高到低排名（见表 4 - 1），在此基础上按照 33 分位数和 66 分位数将 21 个市州等分为 3 个区间（陶宇，2019），其分别代表地区生产总值排名高、中、低三类作为分层抽样的样本，分别在三类分层抽样样本中抽选宜宾市、内江市、巴中市作为案例研究区。在此基础上，分别从以上 3 市各抽选两个乡村旅游示范村、共计 6 个村作为研究案例。具体标准如下：

一是代表性。首先，案例研究区首先应具备已发展乡村旅游这一前提条件；其次，研究区的乡村旅游发展模式能代表大多数贫困地区的发展模式。宜宾市、内江市、巴中市分别位于四川南部、东南部、东北部，均依靠当地特有的自然和人文资源打造乡村旅游产品。如宜宾市通过在贫困地区发展种植产业的方式，间接带动乡村旅游业的发展。农户既通过参与茶叶及李子的种植获得农业收入，又通过社区统一打造的茶叶、李子旅游景观以及利用农户自家房屋开办农家乐、民宿等参与旅游发展以获得旅游收入，这种产业带动型乡村旅游发展模式既可以让农户从农业中获得收入来源，也从乡村旅游业中拓宽其收入渠道。巴中市大营村坐落在光雾山风景区，内江市双流村位于天河旅游度假区，这两个村均凭借景区稳定的客源市场发展乡村旅游，较大限度地节省了乡村旅游开发初期的资金投入，这种景区带动型旅游开发模式在国内贫困地区也比较常见（王耀斌、陆路正、魏宝祥等，2018）。内江市兴松村以及巴中市方山雁村则依靠村中的田园风光作为主要旅游产品发展乡村旅游，是我国乡村旅游发展初期最具代表性的发展模式。

表 4 – 1   **2020 年四川省 21 市州地区生产总值总量**   单位：亿元

城市	GDP	城市	GDP
成都	17 716.7	眉山	1 423.74
绵阳	3 010.08	遂宁	1 403.18
宜宾	2 802.12	广安	1 301.6
德阳	2 404.1	攀枝花	1 040.82
南充	2 401.08	广元	1 008.01
泸州	2 157.2	资阳	807.5
达州	2 118	巴中	766.99
乐山	2 003.4	雅安	754.59
凉山州	1 733.15	阿坝州	411.75
内江	1 465.88	甘孜州	410.61
自贡	1 458.44		

资料来源：根据相关统计数据绘制。

二是可行性。本章所抽选的 6 个村，并非全部农户都积极参与到乡村旅游发展中，这能较好地体现乡村旅游经过一段时期的发展后，农户的参与意愿是否有所提高，有助于本章发现现阶段乡村旅游发展中存在的一些问题。同时，以上 6 个研究案例在政府政策推动下确保了旅游者的可进入性，能满足旅游者食、住、行、游、购、娱的旅游需要，这也为本章进行实地问卷调查提供了便利。

三是实用性。本章检验了四川省乡村旅游产业发展实际成效、农户参与意愿强烈与否及其参与意愿的影响因素、乡村旅游者重游率高低及其影响因素，从中发现目前四川省在推进乡村旅游产业发展过程中所存在的问题，在此基础上提出相应的对策建议，研究结果有助于为乡村旅游产业可持续发展以及为实现乡村振兴目标提供动力支持，具有一定的现实意义。

第四节　四川省乡村旅游发展的政府管理

近年来，四川省贯彻落实中央出台的各项乡村旅游发展政策，使贫困地区经济社会状况明显好转。分析四川省省级各公共部门为促进贫困地区旅游业发展所颁布的政策文件，有利于从宏观层面厘清省级各部门从哪些方面助力贫困地区发展，对于四川省 21 市州明确乡村旅游发展方向具有重要理论意义和现实价值。

一、政策文本分析的样本区间

大力发展乡村旅游产业是我国推动贫困地区经济提升、改善贫困人口生活现状和提升国家软实力的有效抓手之一。2011 年发布的《中国农村扶贫开发纲要（2011—2020 年）》中指出："充分发挥贫困地区生态环境和自然资源优势，培育壮大特色支柱产业，大力推进旅游扶贫。"[①] 这是旅游扶贫首次作为产业扶贫方式出现在国家文件中。2015 年，中共中央和国务院出台的《关于加大改革创新力度加快农业现代化建设的若干意见》中明确提出，"扶持建设一批具有历史、地域、民族特点的特色景观旅游村镇，打造形式多样、特色鲜明的乡村旅游休闲产品"[②]。这表明我国政府高度重视乡村旅游对农村地区减贫的作用。近年来，针对减贫事业所构建的乡村旅游产业也得益于各级政府部门所颁布的政策体系的支持（黄锐、谢朝武和李勇泉，2021）。自 2011 年国家首次正式提出旅游扶贫，至今已颁布100 多项乡村旅游发展政策。在我国广泛推进乡村旅游减贫的现实情况下，规模性地对乡村旅游政策进行系统研究、把握政策发展重点，对今后政策制定与完善具有重大的现实意义。

四川省地处中国西部，全省高原占地 2/3，面积约 36 万平方公里，盆地仅占 20 多万平方公里。除成都平原经济社会发展状况良好，其余周边各市州均存在不同程度的贫困现象（熊涛和刘文江，2021），主要体现在自然环境恶劣发展受限、基础设施差及交通不便、文化水平低、缺乏发展特色优势农业启动资金、老弱病残人口多等方面[③]。对于以上问题，四川省

---

① 中华人民共和国国务院新闻办公室.中国农村扶贫开发纲要（2011 - 2020 年）［R/OL］.（2014 - 01 - 22）［2023 - 02 - 13］. http://www. scio. gov. cn/ztk/xwfb/2014/gxbjhqmshncggdygqkfbh/zcfg30116/Document/1361103/1361103. htm.

② 中华人民共和国中央人民政府.关于加大改革创新力度加快农业现代化建设的若干意见［R/OL］.（2015 - 02 - 01）［2023 - 01 - 22］. http://www. gov. cn/gongbao/content/2015/content_2818447. htm.

③ 四川省人民政府.民调显示：自然环境恶劣生存发展条件有限是造成贫困的主要原因［R/OL］.（2016 - 07 - 28）［2023 - 01 - 24］. https://www. sc. gov. cn/10462/10778/10876/2016/7/28/10389986. shtml? from = groupmessage.

各级政府开始了长期的贫困治理实践，出台了各项发展政策。四川省是全国扶贫工作重点开展的省份之一，同时也是乡村旅游发展最早（肖钊富、彭贤伟和李瑞等，2022）、旅游减贫成效显著的省份之一。科学研判四川省各公共部门关于贫困地区乡村旅游减贫的发展政策与作用机制，对于明确发展方向和指导类似地区发展具有重要的现实意义。本章选择2011年~2022年9月30日以来四川省、宜宾市、内江市、巴中市各公共部门出台的所有含乡村旅游发展的一系列相关文件作为研究对象，是因为2011年旅游扶贫正式作为产业扶贫方式之一在国家政策文件中被提出，因此，本章将其作为政策文本选择的起点。从宏观层面对四川省省级各公共部门以及从中观层面对宜宾市、内江市、巴中市各公共部门所出台的关于促进乡村旅游发展的政策文件进行分析。从宏观上把握省级各部门为推进乡村旅游减贫所采取的策略手段、重点扶持方向，从中观层面检验宜宾市、内江市、巴中市围绕省级各项政策而出台的相应乡村旅游发展措施和要素配置等情况。在此基础上归纳、凝练、总结四川省各部门和以上3市就乡村旅游发展所存在的共性与差异，以反映四川省乡村旅游政策文本的整体情况，并对此提出对策建议。

二、乡村旅游发展政策的分析框架

政策工具作为政府推行政策的一种重要手段，充分展现了政策内部结构及政策目标的实现（徐明和陈斯洁，2022）。不同学者对政府工具类型展开了相关研究和总结。韦俊峰等（2019）根据政策工具在实施过程中对公共物品和服务介入的程度不同，将政府工具划分为强制型、混合型以及自愿型政策工具；陈振明（2004）根据现代化管理技术的要求，将政策工具分为市场化工具、社会化手段以及工商管理技术。而罗斯韦尔和泽格维尔德（Rothwell and Zegveld，1985）认为，政府颁布的每一项政策条款都是其向社会传递的价值理念，若社会对公共政策的需求与政策供给达到平衡状态，必然会受到环境、需求、供给三方面的影响，并据此将政策工具划分为供给型、需求型和环境型，同时指出，只有将以上三种政策工具共同使用，才能达到政策效益最大化。

国内学者借鉴罗斯韦尔和泽格维尔德（1985）对政策工具的分类思想

并将其运用于政策研究中，主要包括中国人才引进政策研究（李鹏红，2022）、公共数字文化服务政策研究（王子健和完颜邓邓，2023）、乡村民宿政策研究（陈才、曾文龙和赵志峰，2021）等方面。四川省乡村旅游发展政策同样凸显了在社会环境中政策需求与供给之间的重要性。鉴于此，本章采用罗斯韦尔和泽格维尔德（1985）对政策工具的划分思想剖析四川省省级层面以及宜宾市、内江市、巴中市乡村旅游发展政策，在理论上具有很强的契合度，并且具有较大的可操作性。本章将供给型、环境型、需求型作为四川省乡村旅游发展政策工具分类的 X 维度，Y 维度为乡村旅游发展所带来的减贫成效，主要包含解决温饱、产业兴旺、资源整合、人才培养。以此构建乡村旅游发展成效的二维分析框架，并对政策进行剖析与评价。

X 维度：政策工具。根据罗斯韦尔和泽格维尔德（1985）对政策工具类型的划分，供给型政策工具主要是指公共部门为推进乡村旅游减贫事业而提供的资源，完善原有贫困地区相关的要素供给和乡村旅游发展中政策制度供给不足的情况，主要从资金、人才、技术、基础设施建设等方面扩大对贫困地区的供给，从而为乡村旅游产业发挥减贫作用奠定良好的基础。供给型政策是确保乡村旅游产业发展、助力贫困地区减贫的重要保证，它体现了政府对乡村旅游减贫事业的推动作用。本章结合乡村旅游产业特征，将资金保障、人才培养、项目供给、基础设施建设、信息服务等纳入供给型政策工具。而环境型政策工具更多地体现了政府为乡村旅游发展建立有利的发展环境和长效机制，对乡村旅游发展具有间接带动作用。此类政策工具主要体现在为乡村旅游发展提供良好的制度规划、税收优惠、法规管制、目标确定、金融服务等方面。需求型政策工具则更多地体现公共部门在旅游发展中的推动与拉动作用，具体体现在政府通过对市场进行深入调研，把握市场需求，进而减少乡村旅游发展过程中所面临的市场阻滞因素，最终形成乡村旅游发展强有力的拉动效应。需求型政策工具主要包含市场塑造、政府购买、政府服务外包、贸易管制。

Y 维度：乡村旅游减贫目标。贫困不仅体现在物质资源匮乏、温饱得不到解决，还体现在教育、医疗、应对风险等基本能力得不到满足（Sen A，2014）。因此，乡村旅游发展的首要任务就是摆脱绝对贫困。2020 年后，我国农村减贫工作将从摆脱绝对贫困转向缩小相对贫困，最终实现乡村全面振兴的发展目标。因此，进一步发挥乡村旅游的关联带动作用，延长农业产业链，带动餐饮、住宿、交通运输、农产品加工等行业的发展，以及衍生出教育、康养等新业态，推动农村产业多元化发展，实现农村地区产业兴旺（孟凡丽、芦雲峰和高霞霞，2023）。同时，资源整合一直是我国实现经济高质量发展的重要一环，有助于提高发展效率，减少资金、资源的浪费，促进各部门间通力合作。实现乡村振兴目标的关键是发挥农户自身的内生动力，提高其应对风险的能力。因此，推进乡村旅游的最终落脚点在于实现农户自身的全面发展，培养乡村旅游人才，培养其自身可持续减贫能力。据此，本章将乡村旅游发展目标分为 4 个方面：解决温饱、产业兴旺、资源整合、人才培养。

通过对政策工具与乡村旅游减贫目标进行理论梳理，最终形成四川省乡村旅游发展政策的二维分析框架如图 4-1 所示。

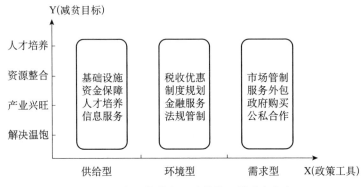

图 4-1　乡村旅游发展政策的二维分析框架

三、四川省乡村旅游发展政策的文本分析

（一）政策文本来源

为确保分析结果的全面性和可靠性，本章关于乡村旅游发展的政策文件来源于四川省人民政府办公厅、四川省文化和旅游厅、四川省乡村振兴局、四川省农业农村厅、中共四川省委、四川省交通运输厅、四川省发展和改革委员会、四川省财政厅以及北大法宝数据库；检索词分别为乡村旅游、旅游扶贫、休闲农业、乡村振兴、农业农村现代化；时间跨度为 2011 年 1 月～2022 年 9 月 30 日；检索时间为 2022 年 10 月 1 日～2022 年 10 月

20 日；政策选取标准为有关乡村旅游发展的政策，含有旅游扶贫的政策，政策内容提及乡村旅游或旅游扶贫，政策内容涵盖农村基础设施建设、人才培养、金融、税收等方面。最终共筛选出 114 份符合要求的政策文本（见表 4-2）作为四川省省级层面的分析对象。

表 4-2　2011 年~2022 年 9 月 30 日四川省乡村旅游部分相关文件

序号	乡村旅游政策文件	发文机关	发文年月
1	《2018 年深度贫困地区旅游扶贫专项实施方案》	省委、省政府	2018 年 1 月
2	《中共四川省委关于集中力量打赢扶贫开发攻坚战 确保同步全面建成小康社会的决定》	省委	2015 年 7 月
3	《四川省人民政府关于加快农业发展方式的实施意见》	省政府	2015 年 10 月
4	《17 个扶贫专项 2016 年工作计划》	省委、省政府	2016 年 2 月
5	《关于实现巩固拓展脱贫攻坚成果同乡村振兴有效衔接的实施意见》	省委、省政府	2021 年 5 月
6	《四川省乡村旅游富民工程实施规划（2016~2020 年)》	省发改委	2016 年 6 月
7	《四川省"十四五"推进农业农村现代化规划》	省政府	2021 年 7 月
8	《关于支持发展新兴产业新兴业态拓宽农民增收渠道的意见》	省委	2015 年 8 月
9	《四川省乡村旅游提升行动计划（2018-2020 年)》	省文旅厅	2018 年 3 月
10	《四川省人民政府办公厅关于加快转变农业发展方式的实施意见》	省政府	2015 年 10 月
11	《四川省人民政府办公厅关于支持农民工和农民企业家返乡创业的实施意见》	省政府	2015 年 8 月
12	《四川省人民政府办公厅关于支持返乡下乡人员创业创新促进农村一二三产业融合发展的实施意见》	省政府	2017 年 4 月
13	《四川省人民政府办公厅关于加快发展休闲农业与乡村旅游的意见》	省政府	2012 年 10 月
14	《四川省"十四五"文化和旅游发展规划》	省文旅厅	2021 年 10 月
15	《四川省"十三五"旅游业发展规划》	省政府	2017 年 4 月
16	《四川省"十二五"文化和旅游发展规划》	省政府	2011 年 12 月
17	《四川省"十三五"脱贫攻坚规划》	省政府	2016 年 12 月
18	《美丽四川·宜居乡村推进方案（2018-2020 年)》	省委、省政府	2018 年 11 月
19	《四川省乡村振兴战略规划（2018-2022 年)》	省发改委	2018 年 9 月
20	《中共四川省委 四川省人民政府关于做好 2022 年"三农"重点工作 全面推进乡村振兴的意见》	省委、省政府	2022 年 1 月

序号	乡村旅游政策文件	发文机关	发文年月
21	《四川省产业扶贫专项方案》	省委	2015 年 9 月
22	《关于坚持农业农村优先发展推动乡村振兴战略落地落实的意见》	省委	2019 年 1 月
23	《四川省乡村文化和旅游能人支持三年行动方案（2020～2022 年)》	省文旅厅	2020 年 7 月
24	《四川农村扶贫开发纲要（2011～2020 年)》	省政府	2011 年 4 月

（二）政策文本编码

本章采用质性分析软件 NVivo12 对所收集到的 114 份政策文件进行分析处理。该软件能根据文本内容进行不同维度的归类整理，适用于文本类、音频、视频数据的研究（王子健和完颜邓邓，2023），其能自动对政策文件中的全部字词进行抓取和词频统计。首先，以乡村旅游政策条款作为最小分析单元，按照政策条款逐条阅读并进行编码，设置对应的参考点；其次，将编码中的各类标签凝炼并连接在一起，形成更高一层次的范畴；最后，梳理各类编码范畴间的关系及脉络，进一步将政策文本内容转化为可供量化分析的数据资料（时颖惠和薛翔，2022）。为排除产生与本章内容不相关的分析结果，本章采用人工对每份政策文件进行逐条阅读并手动编码的方式进行文件处理，并在第一次手动编码结束后，对所编码的政策信息逐条核对，以确保政策内容归类正确。最终共编码要点 992 个，编码示例如表 4－3 所示。总体上，四川省为推动乡村旅游发展所颁布的政策中政策工具使用较为全面，涵盖了三类政策工具。其中，各类政策工具的使用比例由高到低依次为供给型政策工具（65.32%）、环境型政策工具（28.53%）、需求型政策工具（6.15%）。结果表明，公共部门更倾向于为乡村旅游发展奠定良好条件，以确保乡村旅游平稳开展。

表 4－3　　　　　　　　　　　文本编码示例

政策编码	编码内容	政策来源
基础设施建设	实施《四川省乡村旅游富民工程实施规划（2016—2020 年)》，打造乡村旅游示范点，推动乡村旅游扶贫重点村实施"1＋4"工程，全面加强乡村旅游配套设施建设	《关于进一步扩大旅游文化体育健康养老教育培训等领域消费实施方案的通知》

政策编码	编码内容	政策来源
金融服务	采取补助、贴息、鼓励社会资本以市场化原则设立产业投资基金等方式，支持休闲农业和乡村旅游重点村改善道路、宽度、停车场、厕所、垃圾污水处理设施等条件	《四川省"十三五"农业和农村经济发展规划》
市场塑造	规范有序地推进政府和社会资本合作项目。对有一定收益或稳定盈利模式、符合相关规定的补短板项目，鼓励采取政府和社会资本合作等方式进行投资、建设、运营	《四川省加快重点项目建设开展基础设施等重点领域补短板三年行动实施方案》

四、政策文本分析结果

（一）外部特征

对 114 份乡村旅游政策文件的颁布时间进行统计，有利于了解公共部门在不同时期的政策发文量及其政策的演进过程。由于 2011 年、2015 年、2020 年分别是第十二个、第十三个和第十四个五年规划的起始年份。因此，以 5 年为时间单位，统计 2011 年~2022 年 9 月四川省省级层面乡村旅游发展政策的颁布时间，结果如图 4-2 所示。

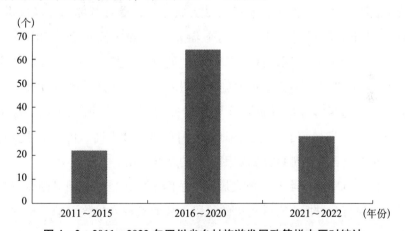

图 4-2 2011~2022 年四川省乡村旅游发展政策样本历时统计

2011~2015 年是四川省乡村旅游发展政策颁布的萌芽阶段。国家在 2011 年首次将旅游扶贫作为一种增强内生动力的产业扶贫方式在政策上正式提出。2012 年出台的《四川省人民政府办公厅关于加快发展休闲农业与乡村旅游的意见》明确规定"对国家级、省级休闲农业与乡村旅游示范点、精品休闲农庄、五星级农家乐/乡村酒店免收标牌费，用电、用水、用气分别按居民生活用电、用水、用气价格实行"，从制度规划、税收优惠等方面明确了乡村旅游发展的策略措施。在推动乡村旅游发展过程中，于 2015 年颁布了《关于全面深化农村改革努力开创"三农"发展新局面的意见》，就加快农业转型升级、促进农户持续增收以及提升扶贫开发水平等方面提出明确规定。

2016～2020 年是实现全面建成小康社会、实现第一个百年奋斗目标的决胜阶段，同时也是乡村旅游的壮大阶段。为将乡村旅游做大做强并实现乡村旅游产业转型以及培育一批新型经营主体，四川省各部门出台具有战略性意义的乡村旅游发展政策文件，为乡村旅游更好发挥减贫作用、壮大农村经济实力等做好指导工作。2016 年，《四川省人民政府办公厅关于大力发展乡村旅游合作社的指导意见》中提出了从 7 个层面大力发展乡村旅游合作社的保障措施，包括组织领导、财税扶持、项目倾斜、金融支持、用地用水用电支持、人才支持和激励机制。随后，各市州在该意见的指导下，陆续出台了具体的壮大乡村旅游合作社、促进其转型升级等一系列举措。在第十三个五年规划时期，省级部门围绕乡村旅游发展共出台了 64 份政策，表明乡村旅游作为减贫的有效方式之一，受到各部门的高度重视。后来又相继出台了《四川省乡村旅游富民工程实施规划（2016—2020年)》《2018 年深度贫困地区旅游扶贫专项实施方案》《四川省人民政府办公厅关于支持返乡下乡人员创业创新促进农村一二三产业融合发展的实施意见》等，将四川省乡村旅游政策数量推向高峰。同时也说明，2016～2020 年，四川省加大了推进贫困地区乡村旅游发展力度，再次证明乡村旅游发展对四川省贫困地区及其贫困人口的减贫作用。

2021～2022 年是乡村旅游发展的持续的阶段，也是我国巩固脱贫攻坚成果并实现与乡村振兴有效衔接的阶段。如何实现乡村旅游减贫成果与乡村振兴目标有效对接、发挥农户自身的内生力以及防止脱贫后不规模性返贫，成为党和政府重点关注的问题。2020 年后相继出台的《四川省乡村文化和旅游能人支持三年行动方案（2020—2022 年)》《中共四川省委 四川省人民政府关于做好 2022 年"三农"重点工作 全面推进乡村振兴的意见》等文件标志着这一阶段乡村旅游发展的外延与内涵更加丰富，涵盖了乡村新产业、新业态，促进贫困人口持续增收，健全乡村建设行动实施机制等。可以预见，在"十四五"期间，四川省乡村旅游政策仍将围绕增强旅游减贫功能，深化第一、第二、第三产业融合机制，以旅促农，推进农村地区产业兴旺，培养农户自身造血能力等方面展开。

对四川省乡村旅游发展政策所出台的公共部门进行统计分析，有助于加强各部门之间的通力协作和效用最大化，避免造成公共资源的浪费。如表4-4所示，无论单独抑或是联合颁布乡村旅游发展政策，省委、省政府和省文旅厅是相关政策出台的主要部门。其中，由省政府牵头颁布的乡村旅游发展政策最多。这表明省级部门相当重视乡村旅游减贫事业的持续发展，从顶层设计的战略高度不断完善乡村旅游发展路径，根据乡村旅游发展需要，加大对贫困地区基础设施投入，为乡村旅游发展奠定良好基础，在履行省人民政府职能的同时也完善了乡村旅游发展的政策体系，为其他公共部门的政策落实与执行起到指引作用。四川省住房和城乡建设厅、省财政厅、省人力资源和社会保障厅等部门以联合颁布的方式参与到四川省乡村旅游发展的政策制定当中，反映出乡村旅游发展既需要省委、省政府发挥引路人的角色，同时也需要多部门的通力合作、担负不同的发展责任。但从表4-4的结果可以看出，部门间的合作还有待加强，应进一步发挥各部门职能及优势，提高发展效率。

表4-4   **乡村旅游发展政策部门分布**   单位：个

颁布部门	独立颁布数	联合颁布数
四川省人民政府办公厅	59	25
中共四川省委员会	9	25
四川省文化和旅游厅	7	3
四川省农业农村厅	3	0
四川省发展和改革委员会	2	4
四川省财政厅	0	3
四川省交通运输厅	3	1
四川省人力资源和社会保障厅	0	2
四川省国土资源厅	0	1
中国人民银行成都分行	0	1
四川省住房和城乡建设厅	0	1

颁布部门	独立颁布数	联合颁布数
四川省商务厅	0	1
四川省卫生健康委员会	0	2
四川省市场监督管理局	0	2
四川省地方金融监督管理局	0	1
国家税务总局四川省税务局	0	2
中国银行保险监督管理委员会市场监管局	0	1
四川省公安厅	0	1

（二）内部特征

通过词频分析能把握各政策文件的目标、关注的重点及其对象。本章采用 NVivo12 软件中的词频查询功能，对 114 份政策文本进行词频分析，将显示字词设为最常见的 100 个词。如图 4 - 3 所示，大致可分为三类：第一类主要关于实现旅游与农业融合发展，"发展""建设""旅游""农业"

图 4 - 3　乡村旅游发展政策词云

等在样本政策文件中出现的频率最多；第二类是政策措施，涵盖了"农村""项目""产业""基础"等与推动乡村旅游减贫相关的政策；第三类是策略手段，包括"体系""机制""市场""管理"等表明省级部门在推动乡村旅游减贫事业过程中关注发展机制和发展体系建设，进而提高乡村旅游发展的稳定性。

第五节　乡村旅游发展政策工具组合分析

一、供给型政策工具

供给型政策工具整体占比超过一半（65.32%），说明各部门为各地区乡村旅游发展提供了良好的前提条件。在供给型政策工具中，基础设施建设占比最多（17.64%），其次是人才培养（14.42%），表明四川省为加快推进乡村旅游发展对基础设施建设与人才支持投入较多，为农村地区发展乡村旅游奠定了良好基础。资金保障（9.27%）和技术支持（8.37%）是一种较为直接的工具类型，但使用频率较低，表明公共部门在乡村旅游领域的信息服务和技术支持方面的投入力度还有待提高。技术支持的优势在于便利性，信息服务的效果则体现在互联互通，它们是实现乡村旅游高质量发展的重要策略。无论是技术支持，抑或是信息服务政策工具，都应当大幅度增加。

二、环境型政策工具

环境型政策工具整体占比（28.53%）。在环境型政策工具的使用中，目标确定和金融服务占比均较大，分别为8.87%、5.95%，反映出乡村旅游发展政策注重对发展目标、方向的引导，也表明公共部门为提高农户参与意愿，通过金融手段减少农户资金压力。法规管制和制度规划分别占5.54%和5.44%，通过对乡村旅游发展、农村用地等作出规范，确保乡村旅游可持续发展。落实税收优惠是吸引当地农户和外出务工人员返乡参与乡村旅游发展的有效突破口，是确保乡村旅游参与者最大限度获利、做大做强乡村旅游的重要保障；策略性措施则是采用循序渐进的方式逐渐对乡村旅游发展产生影响，对乡村旅游发展体系起补充作用。但税收优惠政策工具（1.71%）和策略性措施政策工具（1%）在使用上稍显不足，应予以关注。

三、需求型政策工具

相较于以上两种政策工具，目前需求型政策工具（6.15%）严重匮乏。仅有较少政策文件涉及市场塑造（4.03%）、政府服务外包（0.91%）、贸易管制（0.91%）和政府购买（0.3%），通过借助外部企业、机构等各方力量形成合作与互动机制，推动乡村旅游市场规模化发展。服务外包、政府购买具有较强的指向性，能够提高各项目的时效性和精准性，能有效推动乡村旅游的发展，但此类政策工具的使用占比极低。应借助社会、企业各方力量的广泛参与，既要发挥政府宏观层面的作用，也要考虑乡村旅游市场需求，进而更易于将乡村旅游推向市场，使旅游产品更符合市场需求。

四、乡村旅游发展政策 Y 轴结果分析

在 X 维度乡村旅游发展政策工具配比及其内涵分析的基础上引入 Y 维度挖掘乡村旅游发展的结果，有利于全方位把握乡村旅游发展政策。Y 维度从解决温饱、产业兴旺、资源整合、人才培养 4 个方面分析其所占比例（见图 4-4）。在层次结构图中，区域面积由大到小所体现的是乡村旅游减贫目标的层次结构。政策工具在产业兴旺目标中分布最广（50.81%），其次是资源整合（28.23%）、人才培养（16.12%），解决温饱占比最低（4.84%）。首先，与解决温饱相关的政策有 48 条，占比为 4.84%。这主要是因为随着我国扶贫工作的广泛开展，农户逐渐摆脱了绝对贫困，近几年的乡村旅游发展政策主要围绕加快培养农户内生发展能力、实现脱贫攻坚与乡村振兴的有效衔接方面展开。而与产业兴旺相关的政策为 504 条，占比最高（50.81%），这是四川省为了将乡村旅游的产业带动作用更好地嵌入减贫事业当中，最大限度发挥旅游产业的辐射效果，推动农村地区产业结构多元化发展。其次，与资源整合相关的政策有 281

条，占比适中（28.23%）。资源整合是从宏观指导到具体实践转变的关键一步，能否有效将社会公共资源充分利用，是实现高质量发展的关键之一。四川省充分将各类优势资源植入乡村旅游产业，进而促进当地农户生活条件显著改善，实现经济发展与环境保护的有机结合。最后，与人才培养相关的政策有159条，占比较低（16.03%）。通过对当地农户开展职业技术培训、旅游服务知识培训、大学生创业培训等，帮助农户挖掘其内生发展能力，有助于实现脱贫稳定性、阻断代际贫困。因此，应当加大政策投入力度。

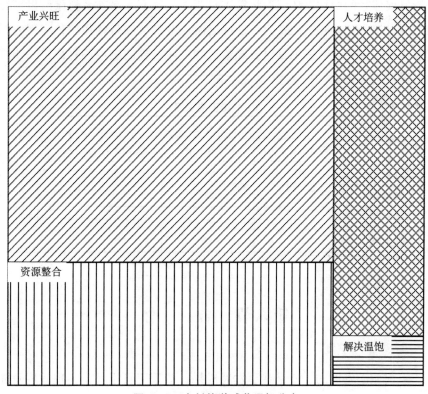

图4-4 乡村旅游减贫目标分布

五、X-Y维度的相互关系分析

在分别分析政策工具（X维度）与乡村旅游减贫目标（Y维度）的基础上，将X维度与Y维度进行矩阵编码，分析省级层面乡村旅游减贫政策的内部规律及其与政策目标的匹配度。结果发现，政策工具与减贫目标的相互关系存在以下特征：第一，供给型政策工具在解决温饱、产业兴旺、资源整合、人才培养方面均发挥主导作用。这说明四川省乡村旅游产业发展以供给型政策为主。第二，供给型政策工具与产业兴旺联系最为紧密。在产业兴旺中，供给型政策工具使用频次占该类政策工具使用总频次的53.63%。第三，需求型政策工具与乡村旅游减贫目标的关系还有待加强，其在人才培养、产业兴旺、温饱解决这3类减贫目标的编码中均仅有6个编码点，在资源整合的编码点中也只有43个编码点。第四，环境型政策工具在114份政策文件中的使用频率最高。说明从2011年至今，四川省乡村旅游发展体系的构建以环境型政策工具为主。第五，当前乡村旅游发展政策主要是从产业兴旺层面发力，发挥旅游产业的关联带动作用，实现农村产业多元化发展。政策工具对资源整合和人才培养的响应还有待进一步提高，详见表4-5。

表4-5 X-Y维度交叉表

Y维度	X维度			占比（%）
	供给型（个）	环境型（个）	需求型（个）	
人才培养	142	96	6	28.32
资源整合	125	28	42	16.03
产业兴旺	354	144	6	50.81
解决温饱	27	15	6	4.84

第六节 结 论

乡村旅游发展的本质是共享发展成果，政策工具不仅是实现政府意志的有效手段，也是把握宏观目标的重要途径。基于政策工具视角对四川省乡村旅游发展政策从X-Y维度进行分析，即乡村旅游政策文本内容与其减贫目标能清晰呈现四川省乡村旅游发展政策所存在的缺陷与不足。

一、各部门间的合作有待加强

对样本中政策发文单位的分析结果表明，乡村旅游发展政策以单独发文的形式为主，大部分政策由四川省人民政府制定，其独立出台的政策文件占样本总量的 53.64%，只有较少政策文本是省文旅厅、省交通运输厅、省财政厅、省住房和城乡建设厅等部门联合出台，其他公共部门则负责执行其政策目标，各部门间的协调、配合有待提升。在推进乡村旅游发展的政策制定中，四川省各省级部门的优势尚未得到全面发挥，政策体系建设缺失，各公共部门在相互配合以及联合发力的机制上还有待加强。此外，从政策所涵盖的对象来看，大多针对农户，忽略了旅游者这一重要参与主体，存在旅游产品供给与旅游者实际需求相脱节的风险，不利于可持续推进乡村旅游。

二、各类政策工具使用频率存在差异

从政策工具（X 维度）来看，供给型政策工具使用比重整体偏高（65.32%），这表明公共部门通过基础设施建设、资金保障等具体措施直接为乡村旅游发展奠定良好的基础条件和必要的资金保障，但其中信息服务（3.73%）占比较低，信息技术运用到旅游行业有利于推动旅游产品转型升级、扩大农村地区的信息渠道。环境型政策工具分布偏低，不到整个"政策工具箱"的 1/3，表明公共部门对乡村旅游市场的推动力稍显不足，尤其是在税收优惠（1.71%）和乡村旅游策略型措施（1%）的政策工具运用方面。今后应打好各项政策工具组合拳，发挥好金融、财税的刺激作用（孟凡丽、芦雲峰和高霞霞，2023），积极出台税收减免政策，加大对外部优势力量的吸引力。需求型政策工具（6.15%）严重匮乏，内部结构比例不均衡，政府购买、贸易管制和政府服务外包严重不足。即省级公共部门对乡村旅游发展的拉动力不强，仅有较少政策文件涉及市场塑造（4.03%）、政府服务外包（0.91%）、贸易管制（0.91%）和政府购买（0.3%）。政府购买是政府通过创造需求，极大地刺激市场活力。政府服务外包则有助于提升旅游产品质量和个性化的对客服务，能有效减轻各公共部门财政压力，在今后的政策制定中应加大对此类工具的使用频率。

三、各减贫目标分布差距较大

从乡村旅游减贫成效来看，四川省乡村旅游发展应涵盖温饱解决、产业兴旺、资源整合、人才培养四个方面。其中，乡村旅游发展首要关注产业兴旺。四川省将旅游产业的关联带动性与农村其他产业进行有效整合并将其嵌入减贫事业当中，使旅游产业减贫成效最大化，以优化农村产业结构、拓宽农户收入渠道、保障农户稳定脱贫。而人才培养（16.12%）和资源整合（28.23%）运用薄弱，乡村旅游发展需要大量土生土长的当地人传承农耕文化，在旅游发展过程中，最大限度发挥农户对乡村性的理解，为旅游者提供乡村性的旅游产业，以提高资源利用效率。而当前公共部门在挖掘农户内生发展能力方面稍显不足，公共政策的协同作用未得到充分发挥。

四、政策工具的使用频率与乡村旅游减贫目标的拟合度有待提高

从 X-Y 的交叉关系分析来看，无论是解决温饱、产业兴旺，抑或是人才培养和资源整合，更多的是应用供给型政策工具与环境型政策工具，虽然需求型政策工具在各个方面均有体现，但总体来看，其实际使用占比却较低。这种差异一方面体现了公共部门在政策工具选择上的偏好和乡村旅游发展的需要；另一方面也表明需求型政策工具的使用频率还有待提高。因此，应发挥市场作用，以形成政策合力。

第七节 启 示

从政策工具视角对四川省省级层面乡村旅游发展政策文本进行 X、Y 两个维度的分析，有助于从宏观层面明晰四川省各省级部门为推进乡村旅游减贫事业的发展所采取的策略、手段、目标、方向以及当前公共政策制定尚存在的不足之处。通过对政策工具类型与政策目标的交叉组合，能将四川省为促进乡村旅游减贫事业而颁布的政策更加立体化地呈现。根据研究结果得到的启示，今后四川省关于发展乡村旅游减贫事业的政策制定可以从以下方面完善。

一、完善政策工具结构布局

实现乡村旅游的可持续发展需要供给型、环境型、需求型政策的相互配合、共同推进。政策的制定应从整体角度出发，系统考量各项政策工具在不同发展阶段的具体作用、优势，进而形成政策资源优势互补。应合理分配三类政策工具运用比重，增加环境型政策工具的运用频次以及适度降低供给型政策工具比重，更好发挥三类政策工具的影响力，优化整体布局，加强各类政策工具的协调性和系统性。在环境型政策工具的使用中，应加大税收优惠和乡村旅游策略型措施工具的使用，根据不同的征税对象，调整税收优惠力度，对旅游项目经营较好的农户和企业减免增值税和水电费等。另外，公共部门还应当重视需求型政策工具在乡村旅游发展中的拉动作用，有效发挥其在调节政府、市场、社会三者间关系的作用，以较少政府财政压力、形成乡村旅游发展新格局。

二、合理分配各类政策目标比重

农村地区持续推进乡村旅游减贫事业对于改善其经济、社会、产业、环境、文化等方面具有重要意义，是实现乡村振兴目标的重要途径。从四川省乡村旅游发展目标的分布来看，当前政策在产业兴旺层面占比过大，而在人才培养、资源整合方面明显不足，不利于优化乡村旅游产业结构、促进其转型升级。人才培养和资源整合是乡村旅游发展的核心环节，乡村旅游减贫目标应是从解决温饱、产业兴旺逐步转向资源整合、人才培养，通过加大人才培养力度的最终目的是要实现农户在乡村旅游减贫过程中的全面发展。因此，要持续为乡村旅游助农减贫提供智力和资源支持，出台相关政策吸引人才、培养人才、留住人才，促进各类资源要素的有机整合，进而推动乡村旅游高质量发展。此外，乡村旅游发展是一项利用公共资源，涉及农户、旅游者、公共部门等参与主体的活动。对于农户和公共部门而言，乡村旅游发展目标应该是从解决温饱、产业兴旺逐步发展为资源整合和人才培养的一系列变化过程。所以，在今后政策的制定过程中，可以适当减少产业兴旺方面政策工具的应用，同时加大人才培养、资源整合层面政策工具的运用，注意不同政策工具在不同发展成效的使用频次。

三、增强政策工具与政策目标的拟合度

政策工具发挥作用离不开其与政策目标的高度匹配（王子健和完颜邓邓，2023）。因此，乡村旅游政策工具的选择只有与其发展目标相吻合，才能最大限度发挥政策的引导作用。根据表 4 - 5 可知，当前乡村旅游各类政策工具的应用与其发展目标拟合程度还有待提升，有 50.81% 的政策工具被应用于产业兴旺这一目标中。在未来乡村旅游政策的制定中，应充分把握阶段性发展目标和长远目标的具体要求，在此基础上选择与之相适应的政策工具。同时，将三类政策工具充分合理地应用到乡村旅游减贫目标中，以提升其拟合度。以政策工具作为支撑，对乡村旅游发展目标进行合理布局，提高其作用效能。

四、部门间的合作还有待加强

从已有四川省乡村旅游发展政策的颁布机构来看（见表 4 - 4），四川省人民政府办公厅独立出台 59 份政策文件，占样本总量的 53.64%，各部门联合发文的数量较少。乡村旅游发展离不开各政府部门的统筹协作。未来政策的制定需明确文化旅游部门的职责，同时建立各部门的分管、协调机制，发挥部门间的优势，相互补充，形成合力。围绕政策内容的不同方面，联合有关公共部门共同制定相关政策，以提高乡村旅游发展效率、减少资源浪费。

五、补充乡村旅游参与主体

旅游目的地所提供的旅游产品能否迎合大多数旅游者需求，是旅游地生命周期长或短的重要因素。因此，在出台相关发展政策前还应关注市场偏好，注重乡村旅游产品、服务的转型升级，不断推出差异化的旅游产业，以旅游者需求为导向，满足其对乡村旅游产品的需要。

第五章　政府参与乡村旅游发展的治理路径分析

　　在案例地区的选择上，本章将 2020 年四川省 21 个市州地区生产总值由高到低进行排名，在此基础上按照 33 分位数和 66 分位数将 21 个市州等分为 3 个区间代表地区生产总值排名高、中、低三类作为分层抽样的样本，并考虑到一手数据获得的难易程度，分别在 3 个分层抽样样本中抽选宜宾市、内江市、巴中市作为案例研究区。本部分对以上 3 市公共部门从 2011 年至 2022 年 9 月所出台的有关推进乡村旅游减贫事业的政策文件进行文本分析，剖析宜宾市、内江市、巴中市贯彻落实省级政策文件情况，以及明晰宜宾市、内江市、巴中市分别从哪些层面推进农村地区乡村旅游减贫事业的发展，以反映四川省乡村旅游政策的整体情况，并为后续研究农户感知减贫效应提供对比依据。

　　需说明的是，为了将以上 3 市各公共部门所出台的乡村旅游政策与四川省省级各部门的政策文件进行对比，本部分仍然沿用对四川省省级层面乡村旅游政策工具的划分标准，将供给型、环境型、需求型作为宜宾市、内江市、巴中市乡村旅游减贫事业政策工具分类的 X 维度。Y 维度为乡村旅游减贫目标，主要包含解决温饱、产业兴旺、资源整合、人才培养。以此构建乡村旅游减贫成效的二维分析框架，并对政策进行剖析与评价。此外，宜宾市、内江市、巴中市的政策文件选择的时间跨度、选取标准、政策文本编码均与四川省省级层面乡村旅游发展政策的选择标准相同，政策文本来源均从各市人民政府办公室、乡村振兴局、农业农村局、发展和改革委员会、财政局等各大政府官网进行检索，以确保政策收集的完整性。

第一节　宜宾市政府参与乡村
旅游发展的治理路径

由于笔者能力有限，共检索到 16 份有关乡村旅游发展的政策文件，将此作为本章分析宜宾市为推进乡村旅游减贫事业的政府管理依据。

一、发文机构分析

对 16 份政策文件逐一浏览发现，其发文机构均出自宜宾市人民政府办公室。因此，基于分析结果来看，宜宾市各公共部门的合作还有待加强，进而有利于减少公共资源浪费、提高发展效率。

二、乡村旅游发展政策 X 轴结果分析

（一）供给型政策工具

供给型政策工具使用频率较高，占 80.36%。其原因是在过去较长一段时期，农村地区处于参与发展的边缘，基础设施、道路交通等建设相对比较缺乏。政府部门为推进农村地区乡村旅游减贫事业的发展，首先要从基础设施、技术、资金等方面提供大量支持，为乡村旅游发展奠定良好基础，因此，供给型政策工具的应用比例偏大。在供给型政策工具内部，制度供给与资金保障使用频率最多，分别占 26.34% 和 20.54%，表明宜宾市乡村旅游发展还处于初级阶段，需要公共部门投入大量的资金保障和制度约束。资金和制度供给是一种直接、有效的工具类型，能确保现阶段乡村旅游的规模、发展目标和方向等。人才培养和技术支持有利于为农村地区注入智力和科技支撑，关系着农村地区产业转型升级，而两者工具的使用占比均较弱，分别为 10.71%、8.04%。信息服务使用占比最低，为 2.23%，表明公共部门在乡村旅游领域对信息服务投入力度不够。信息服务效果体现了农村地区与外界信息互联互通的便捷度，有助于农村地区及

时把握旅游市场动向。因此，应适度增加信息服务、人才培养等政策措施。

（二）环境型政策工具

环境型政策工具整体占比为 18.3%。在环境型政策工具的使用中，目标确定占 7.14%，乡村旅游法规管制占 4.02%，制度规划占 3.13%，金融服务占 2.68%，税收优惠占 0.89%，乡村旅游策略型措施占 0.45%。目标确定占比最高，法规管制次之，表明现有公共政策注重对乡村旅游减贫目标及方向的引导，并加以法律手段进行约束，确保乡村旅游发展方向的正确性。但税收优惠和乡村旅游策略型措施占比均不足 1%，存在明显缺口，因此，应当将其作为提高农户参与意愿的重要突破口予以重视。

（三）需求型政策工具

需求型政策工具的使用比例则严重匮乏，仅占 1.34%。市场塑造（0.89%）和政府服务外包（0.45%）这类能够提高政府服务效率的政策占比极低，而贸易管制和政府购买这类具有明显指向性和提高旅游产品精准性（孟凡丽、芦雲峰和高霞霞，2023）政策均未涉及。

三、乡村旅游政策目标 Y 轴结果分析

从 Y 维度把握政策文本中涵盖的乡村旅游减贫目标的各类政策工具使用占比，有利于明晰当前政府各部门的发力点。研究发现，政策工具在解决温饱中占比最低（0.89%），其原因在于我国早就对广大农村地区开展了不同程度的扶贫工作，农户的绝对贫困问题逐步得到有效解决，近年的主要任务是实现农村产业多元化以及乡村振兴。产业兴旺相关的政策工具占比最高，为 60.7%，这既与实现乡村振兴目标有关，也是有效发挥乡村旅游产业关联带动性的重要手段。资源整合占比较适中，为 29.48%，是实现高质量发展的关键一步，将可利用资源有效植入乡村旅游业，进一步提高农村发展效率。而人才培养的占比较少，仅占 8.93%。通过对当地农户开展职业技术培训、大学生创业培训等，既挖掘其内生发展能力，也是

防止其脱贫后返贫的重要举措，应当予以重视。

四、X－Y维度的相互关系分析

将政策工具与政策目标进行矩阵分析，有利于明晰各类政策工具在政策目标中的使用频率及匹配度。结果发现，供给型政策工具在解决温饱、产业兴旺、资源整合、人才培养方面均发挥了主导作用，宜宾市乡村旅游产业发展以供给型政策为主，供给型政策工具与产业兴旺联系最为紧密。在产业兴旺方面，供给型政策工具使用频次占该类政策工具使用总频次的62.43%，需求型政策工具与减贫目标的关系还需进一步加强。需求型政策工具在资源整合的编码点仅有4个，而人才培养、产业兴旺、温饱解决这3类减贫目标的编码点均为0；供给型、环境型、需求型政策工具的使用比例还有待优化，提高政策工具效率可以最大限度发挥各项政策工具优势（见表5-1）。

表5-1　　　　　　　　X－Y维度交叉表

Y 维度	X 维度			占比（%）
	供给型（个）	环境型（个）	需求型（个）	
人才培养	19	1	0	9.00
资源整合	47	15	4	29.00
产业兴旺	113	23	0	61.00
解决温饱	2	0	0	1.00

五、结论

（一）部门间的合作不足

根据16份宜宾市乡村旅游政策样本的分析结果可知，相关政策均由宜宾市人民政府办公室颁布，联合发文的机构数为0。在推进乡村旅游减贫事业发展过程中，政府未能充分发挥各部门优势，在政策体系建设上稍显欠缺，因此，政府部门在相互配合以及联合发力的机制上还有待加强。

（二）供给型政策工具使用频率偏多，而需求型、环境型政策工具应用欠缺

乡村旅游政策囊括了多种政策工具，但从政策工具维度（X维度）来看，供给型政策工具使用略多（80.36%），内部以基础设施建设、资金投入为主，缺乏人才培养和技术支持等保障，未来应合理分配各政策工具，以有效发挥其优势，实现乡村旅游可持续减贫。环境型政策工具的比例偏低，尤其是在税收优惠（0.89%）和乡村旅游策略型措施（0.45%）的政策工具使用上。大力出台税收优惠政策以及乡村旅游发展策略有利于吸引当地农户、乡村能人、外来企业参与到乡村旅游产业中，今后应当予以重视。需求型政策工具的使用频率更为欠缺（1.34%），且贸易管制和政府购买均未涉及，表现出内部结构不均衡。政府购买是政府激发市场活力的有效手段，能提高资源利用效率；贸易管制则是确保乡村旅游减贫目标不发生偏离的有效措施，应当扩大这两类工具的使用频率。

（三）乡村旅游政策工具与减贫目标分布不均

政策工具作用于产业兴旺这一减贫目标的比重较大，这主要是为有效发挥乡村旅游的辐射带动作用。作为农村地区的新兴产业，乡村旅游在拓宽农户收入来源、改善人居生活环境的同时，也能够间接带动交通运输、餐饮等行业的发展。政策工具在资源整合方面使用适当，今后应进一步将各类资源进行有机整合，盘活农村资源，以提高资源配置效率。政策工具在人才培养方面运用较少，而培养乡村人才是实现乡村旅游高质量发展的重要保障，当前政策工具未能较好体现乡村人才培养的策略、手段，未能有效发挥公共政策的引导作用。

（四）政策工具针对的主体覆盖面不全

农村地区发展乡村旅游是帮助农户拓宽其收入来源、实现经济发展与环境保护有效结合的重要途径。从现有政策关注的主体来看，覆盖面不广，忽略了乡村旅游者这一重要主体的利益、诉求，不利于乡村旅游产品

供给与市场需求的有效衔接，不利于乡村旅游减贫事业的持续推进，阻碍了多元主体参与的协调效应。

第二节　内江市政府参与乡村旅游发展的治理路径

在能力范围内，共收集到 7 份有关乡村旅游发展的政策文件。因此，将其作为分析内江市乡村旅游减贫政策中政府管理的依据。

一、发文机构分析

对 7 份政策文件逐一浏览发现，除《关于大力发展文旅经济加快建设文化强市旅游强市的实施意见》是由中共内江市委与内江市人民政府联合发文以外，其余 6 份政策文件均由内江市人民政府办公室独立颁布。基于分析结果来看，内江市各部门的合作还有待加强，应进一步发挥部门间的优势，提高发展效率，减少资源浪费。

二、乡村旅游发展政策 X 轴结果分析

（一）供给型政策工具

供给型政策工具使用最多，整体占比达 62.83%。其中，制度供给和基础设施占比均为 18.58%，人才培养占 11.50%，技术支持占 8.85%，资金保障占 5.32%，信息服务占比为 0。其中，制度供给与基础设施在乡村旅游发展政策文件中占比共达到 37.16%。反映出农村地区基础设施条件落后，而发展乡村旅游需具备一定的前提条件。政府部门加大对农村地区基础设施的投入力度，为乡村旅游发展提供了基础条件。通过制度供给确保乡村旅游的有效推进，对其发展予以保障。而资金保障和信息服务的政策工具使用频率较低，说明乡村旅游发展的资金以及信息服务的投入力度还远远不够，人才培养和技术支持的投入也略显不足。

（二）环境型政策工具

环境型政策工具的使用频率适中，整体占比为 31.86%，但也存在内部政策工具分布不均的情况。具体来看，目标确定占 15.93%，金融服务占 5.31%，乡村旅游策略型措施占 4.42%，税收优惠和乡村旅游法规管制占比均为 2.66%，制度规划占 0.88%。明确乡村旅游减贫目标是发展乡村旅游的重要前提和依据。而金融服务、税收优惠、法规管制、策略型措施的使用比例明显较低，金融、税收能减缓农户资金压力，是刺激农户参与乡村旅游发展的有效手段，有利于调动社会各界的参与积极性，以凝聚优势资源发展乡村旅游业，但当前使用频率明显有待提高。

（三）需求型政策工具

相较于以上两种政策工具，目前需求型政策工具（5.31%）严重匮乏。仅有较少政策文件涉及市场塑造（4.42%）、政府服务外包（0.89%），而贸易管制和政府购买并未涉及。政府购买能提高公共产品投放效率和可得性，对乡村旅游减贫事业能起到有效的拉动作用；贸易管制则有效维护了农户切身利益，具有明显的指向性，但这两类政策工具均未得到有效利用。

三、乡村旅游发展政策 Y 轴结果分析

统计乡村旅游减贫目标的政策工具使用频次，有助于把握现阶段公共部门的政策重点。结果表明，政策工具在解决温饱方面涉及最少，相关的政策有 2 条，占比为 1.77%；而在资源整合方面，政策工具运用最为广泛，占比达 52.21%；相比之下，在产业兴旺方面，政策工具使用频率适中，占比为 35.40%；人才培养占比较少，为 10.62%。

四、X – Y 维度的相互关系分析

为把握内江市乡村旅游政策的内部规律及其与减贫目标的匹配度，本部分将三类政策工具与乡村旅游减贫目标进行交叉分析。结果发现，政策工具与减贫成效的相互关系存在以下特征：第一，供给型政策工具在产业

兴旺、资源整合方面均发挥主导作用。在供给型政策工具中，资源整合使用频次占该类政策工具使用总频次的 50.7%。第二，需求型政策工具与减贫目标的关系还需进一步加强。需求型政策工具在资源整合、人才培养的编码点均只有 3 个，且产业兴旺、温饱解决这两类减贫目标的编码点均为 0。第三，环境型政策工具在政策目标中的使用频率和分布差距还有待提高，其在产业兴旺、资源整合方面使用频次较高，而在人才培养方面使用频次为 0，详见表 5-2。

表 5-2   **X-Y 维度交叉表**

Y 维度	X 维度			占比（%）
	供给型（个）	环境型（个）	需求型（个）	
人才培养	9	0	3	11.00
资源整合	36	18	3	50.00
产业兴旺	26	16	0	37.00
解决温饱	0	2	0	2.00

五、结论

（一）公共部门间的合作还需进一步加强

根据 7 份内江市乡村旅游发展政策样本的分析结果可知，除其中 1 份政策文件是由中共内江市委和内江市人民政府联合发文以外，其余 6 份政策文件均由内江市人民政府办公室单独发布。在旅游发展政策的制定中，该市未能充分发挥文旅局、财政局、交通局等部门优势，在政策体系建设上稍显欠缺，部门间的协调配合还有待加强。

（二）各类政策工具的使用频率有待进一步完善

当前现有政策以供给型政策工具为主，其内部以基础设施建设、制度供给为主，在信息服务和资金保障方面相对缺乏，未来应充分发挥各项政策工具激励作用。环境型政策工具运用适当，但侧重于目标确定，制度规划、法规管制不足。制度规划、法规管制是引导乡村旅游减贫事业发展的重要保障，应当予以重视。需求型政策工具的使用则更为欠缺，且内部结构分布不均，贸易管制和政府购买均未涉及。政府购买是激发市场活力、创造需求的重要途径；贸易管制是乡村旅游市场准入和规范化经营的重要保障，应加大以上两类政策工具的使用频率。

（三）政策涵盖的主体有待拓宽

乡村旅游可持续减贫依赖于各方利益主体的广泛参与，但现有政策文本所涉及的对象大多针对农户，忽视了乡村旅游的重要参与者，即旅游者，因此导致多元主体的协同效应未能得到充分发挥，影响了乡村旅游产品供给与市场需求的有效匹配。

第三节　巴中市政府参与乡村旅游发展的治理路径

对巴中市 2011 年 1 月~2022 年 9 月出台的有关乡村旅游发展的政策文件逐一进行检索，共收集到 36 份有关乡村旅游发展的政策文件。

一、发文机构分析

对发文机构进行统计分析能有效减少公共政策的重叠和公共资源的浪费。对 36 份政策文件逐一浏览发现，除巴中市国土资源局颁布的《关于国土资源政策助推全域旅游发展的实施意见》、交通运输局出台的《巴中市"十四五"综合交通运输发展规划》、文化广播电视和旅游局颁布的《四川省巴中市全域旅游规划（2018—2035 年）》外，其余 33 份政策文件均由巴中市人民政府办公室单独颁布。基于分析结果来看，巴中市各部门的合作还有待加强，应形成合力，提高发展效率。

二、乡村旅游发展政策 X 轴结果分析

（一）供给型政策工具

供给型政策工具占比较高，为 72.14%。其中，制度供给占 25%，基

础设施占 13.57%，技术支持占 12.38%，人才培养占 10.95%，资金保障占 10.24%。制度供给在供给型政策工具内部使用数量最多，其次是基础设施和技术支持。表明巴中市各公共部门主要从制度、技术、基础设施方面为乡村旅游发展提供良好基础。资金保障是一种直接有效的政策工具，人才培养是贫困地区缩小贫富差距的重要路径，也是阻断代际贫困的重要方式，但两类政策工具的使用频率较低。因此，无论是人才培养还是资金保障政策工具都应当加大投入力度。

（二）环境型政策工具

环境型政策工具占比为 25%。其中，目标确定占 15.23%，乡村旅游法规管制占 3.57%，金融服务占 2.38%，税收优惠和制度规划均占比 1.67%，乡村旅游策略型措施占 0.48%。目标确定（15.23%）是公共部门推进乡村旅游减贫事业的重要一环。法规管制则体现公共部门对乡村旅游发展方向、农村土地利用等方面作出的规范，有助于实现乡村旅游减贫事业的可持续发展。金融、税收是调动农户参与积极性的有力保障。但税收优惠、金融服务使用频率还有待提高，应当予以重视，以确保乡村旅游减贫事业的发展能最大限度调动当地农户和社会资本参与其中。

（三）需求型政策工具

目前，需求型政策工具使用较少，仅占 2.86%。在需求型政策工具中，仅有较少政策文件涉及市场塑造（1.90%）、政府服务外包（0.71%）、政府购买（0.23%），并未涉及贸易管制。通过市场塑造良好的乡村旅游发展环境能够激发各大主体的参与积极性，政府外包和政府购买则是提高乡村旅游产品供给效率的有效途径，贸易管制能最大限度规避乡村旅游发展过程中存在的"旅游飞地"现象。但以上政策工具的使用率极低，应当合理运用各类政策工具。

三、乡村旅游政策目标 Y 轴结果分析

对所收集到的 36 份政策文件中所涵盖的乡村旅游减贫目标的政策工具

进行分析，有助于精准把握巴中市乡村旅游发展政策。结果表明，与解决温饱相关的政策有9条，占比最低（2.14%）；与资源整合相关的政策占比最高，为42.86%；与产业兴旺相关的政策占比为37.62%；人才培养相关的政策则占比偏低，为17.38%。随着各地区农户逐步摆脱绝对贫困，公共政策逐步将乡村旅游减贫目标从解决温饱向更高层次发展。因此，资源整合和产业兴旺成为当前较长一段时期乡村旅游减贫目标，应依托乡村旅游实现资源整合，最大限度发挥旅游产业关联带动作用，实现农村产业兴旺。

四、X–Y 维度的相互关系分析

在对乡村旅游发展的政策文件分别从 X 维度与 Y 维度独立分析的基础上，为把握四川省乡村旅游发展政策的内部规律及其与政策目标的匹配度，本章将三类政策工具与乡村旅游减贫目标进行交叉分析。结果发现，供给型政策工具使用比例最高，其在解决温饱、产业兴旺、人才培养、资源整合方面均发挥主导作用；供给型政策工具与资源整合联系最为紧密。在资源整合方面，供给型政策工具使用频次占该类政策工具使用总频次的42.11%。需求型政策工具与减贫目标的关系还有待加强，其仅涉及资源整合、产业兴旺、解决温饱这 3 类减贫目标的编码，且分别包含6个、4个、1个编码点；环境型政策工具在整个政策文本样本中使用频率也较低（25%），详见表 5–3。

表5–3 　　　　　　　　　　　X–Y 维度交叉表

Y 维度	X 维度			占比（%）
	供给型（个）	环境型（个）	需求型（个）	
人才培养	67	6	0	42.86
资源整合	128	46	6	17.38
产业兴旺	105	49	4	37.62
解决温饱	4	4	1	2.14

五、结论

（一）各部门间的合作还有待加强

根据 36 份巴中市乡村旅游发展政策样本的分析结果，除巴中市国土资源局颁布的《关于国土资源政策助推全域旅游发展的实施意见》、交通运输局出台的《巴中市"十四五"综合交通运输发展规划》、文化广播和旅游局颁布的《四川省巴中市全域旅游规划（2018—2035 年)》外，其余 33 份政策文件均由巴中市人民政府办公室单独颁布。在旅游发展政策的制定中，该市未能充分发挥各部门优势资源，在政策体系建设上稍显欠缺，部门之间的协调还有待提升。

（二）三类政策工具的使用比例还有待优化

从政策工具分析结果来看，供给型政策工具使用略多（72.14%），环境型政策工具的使用占比（25%）与供给型政策工具差距较大，需求型政策工具的使用频率则更低，仅为 2.86%。并且环境型政策工具、需求型政策工具内部使用比例也分布不均，市场活力还有待进一步激发。

（三）加大对乡村人才培养的关注

本章将乡村旅游减贫目标分为解决温饱、产业兴旺、资源整合、人才培养四个方面。其中，当前减贫目标侧重于资源整合（42.86%）和产业兴旺（37.62%），而人才培养占比较低，仅为 17.38%。人才培养有助于培养乡村人才，实现乡村可持续发展，是促进旅游产品差异化发展的重要动力，今后应加大对人才的投入力度。

（四）乡村旅游政策中所关注的主体有待拓宽

要实现乡村旅游减贫目标，除了政府各级部门、当地农户、企业的广泛参与外，旅游产品是否赢得市场及旅游者的青睐成为影响旅游目的地生命周期的重要保障。而现有政策忽视了旅游者对乡村旅游产业的推动作用，导致多元主体的协同效应未能得到充分发挥，从而影响乡村旅游产品的有效供给。

第四节 小 结

本章主要从宏观层面对 2011 年 1 月～2022 年 9 月四川省、宜宾市、内江市、巴中市颁布的乡村旅游政策文件进行政策文本分析，系统论述了各类政策工具类型占比、发展目标、扶持手段等的现状以及政策文件现存的不足。质性分析结果表明：各部门间的合作有待加强；供给型政策工具使用比重整体偏高，环境型政策工具使用频率较低，需求型政策工具则严重匮乏；乡村旅游政策工具与减贫目标分布不均。

第六章　旅游者参与乡村旅游
发展的意愿分析

乡村旅游者作为旅游扶贫的又一推动力量，其在旅游地开展旅游活动而使当地农户获得旅游收益，是乡村旅游可持续发展的重要保障。在旅游消费者行为研究中，由于重游者与初游者相比，其对旅游地的经济贡献作用更大，有利于降低旅游地经营成本（罗莹和姚增福，2023）。学界普遍从旅游者的年龄、性别、年收入等人口统计学因素（刘法建、徐金燕和吴楠，2019），以及满意度、旅游感知价值、旅游动机、旅游地形象等方面构建指标（廖平和陈钢华，2020），将计划行为理论作为理论基础（刘佳和王焕真，2019），采用回归分析方法、结构方程模型等定量分析方法探讨旅游者重游意愿的影响因素。但计划行为理论假设人的行为是理性的，个体是否采取某一行为的直接决定因素是其行为意向。而人在进行决策时，通常会受非理性因素的影响，如其会预估结果所带来的情绪，并将这些情绪作为行为选择的依据（Barbara A and Mellers A，2001）。因此，旅游者在进行重游决策时可能会受到预期结果所产生的情绪的影响。而旅游健康风险的存在可能会影响旅游者的预期情绪，但目前相关研究对此关注相对不足。在研究对象的选择上，通常以某一旅游地的旅游者作为研究对象，尚未严格区分不同类型旅游目的地的旅游者，导致重游意愿影响因素的实证结果存在矛盾。因此，探索"旅游动机、旅游地形象、旅游感知价值、旅游满意度、旅游健康风险对乡村旅游者重游意愿的作用机制是什么？它们之间如何交互影响重游意愿？旅游健康风险又是如何调节它们对重游意愿的影响？"显得很有价值。对此，本章选取四川省宜宾市筠连县春风村旅游者作为研究对象，基于情绪评价理论，构建旅游动机、旅游地形象、旅游感知价值、旅游满意度、旅游健康风险、重游意愿的驱动模型，借助实地调研所获得的一手数据对其进行实证分析，力图明晰各要素对乡村旅游者重游意愿的作用机制和影响边界，同时也为乡村旅游产业发展政策的制定提供理论参考。

第一节　研究假设

一、旅游动机

动机是激发和维持个体行为的关键因素，被认为是决定个体行为的内在动力，最早应用于心理学研究。在旅游领域中，学界普遍认同旅游动机在旅游者行为决策过程中所发挥的重要作用（Petrick J F and Backman S J，2002），探讨旅游者的旅游动机是了解旅游者需求及其决策的有效途径。推拉理论是研究旅游动机的主要方法（Dann G，1977）。该理论认为旅游动机的产生受"推力"和"拉力"的共同作用。其中，"推力"是旅游者因自身心理需要而产生的旅游动因；而"拉力"与旅游地属性有关，如旅游目的地所提供的旅游产品、旅游环境、地方信任、旅游资讯等（Lee T H and Crompton J，1992）。另外，旅游动机对满意度有显著影响（Assaker G，Vinzi E V and O'conner P，2011），旅游者动机越强，其满意度越高（汤云云、晋秀龙和袁婷，2020）。赵雪祥等（2019）的研究结果表明，旅游动机正向影响游客重游意愿。而部分研究发现，动机仅对长期重游意愿有显著影响；动机越强，反而会降低满意度对重游意愿的影响（寿东奇等，2017）。郭安禧等（2013）提出动机对重游意愿无显著直接影响，但可通过满意度的中介作用对重游意愿产生间接影响。由此看来，旅游动机对重游意愿的作用还有待进一步探讨。此外，受公共卫生事件的影响，旅游者更倾向于选择安全、健康的乡村旅游（奚雨晴和桑广书，2022）。在乡村旅游情境中，乡村旅游者的旅游动机和重游意愿之间、动机与满意度之间是否存在显著的影响关系？其作用形式是否异于其他案例研究地？为回答以上问题，本章提出以下假设：

H6－1：旅游动机对重游意愿产生显著正向影响。

H6－2：旅游动机对满意度存在显著正向影响。

二、旅游地形象

旅游地形象是基于旅游者个人特质、情感以及对旅游地各要素交织而形成的整体感知评价（寿东奇等，2017）。大多研究发现，旅游地形象对重游意愿具有显著正向影响（Han H et al. 2019）。旅游者对旅游地形象感知越强，其旅游体验感和满意度越高（孔艺丹等，2020）。阿拉梅等（Allameh et al.，2015）以 886 份问卷数据实证体育游客重游意愿的影响因素。研究发现，旅游地形象感知与重游意愿呈相关关系。而郭安禧等（2015）以厦门市旅游者作为研究对象发现，总体形象与重游意愿无显著直接影响。那么，在公共卫生事件影响下的乡村旅游旅游者，旅游地形象评价能否激发其重游意愿？旅游地形象与满意度之间是否存在显著的影响关系？为回答上述问题，本章提出以下假设：

H6－3：旅游地形象对重游意愿产生显著正向影响。

H6－4：旅游地形象对满意度存在显著正向影响。

三、旅游感知价值

感知价值这一核心概念源于市场营销学领域的顾客价值理论，并于 20 世纪 90 年代被运用于旅游研究中（方淑苗和方帆，2022）。随着旅游学界对感知价值的深入研究，赵艳林（2012）研究发现，旅游感知价值对重游意愿存在正向影响；韩春鲜（2015）实证感知价值是满意度和重游意愿的前因变量；王斌（2011）指出，旅游感知价值正向影响满意度。那么，农村地区在大力推动乡村旅游的情况下，旅游感知价值还能否对乡村旅游者重游意愿产生影响？旅游感知价值与满意度之间是否存在显著的影响关系？为回答以上问题，本章提出以下假设：

H6－5：旅游感知价值对重游意愿产生显著正向影响。

H6－6：旅游感知价值对满意度存在显著正向影响。

四、旅游满意度

满意度最早源于顾客满意度，是美国学者卡多佐（Cardozo，1965）将其引入市场营销研究。顾客满意与否主要基于其对某项产品或服务的期望与现实之间的差距。若实际效用高于顾客期望，则满意度较高；反之，则满意度较低。满意度是影响消费者持续消费的重要前因变量（郭文秀，2021）。在旅游研究中，研究者普遍发现，旅游满意度对重游意愿具有显著正向影响（Tarvisd，Stoeckln and Liu H，2016）。它在旅游动机、感知价值、旅游地评价与重游意愿之间起到一定的传导作用。旅游动机越高，旅游者的旅游满意度则越强烈（汪丽、刘阳和刘慕华，2022），并且满意度会对旅游者的重游意愿产生积极影响（徐怡悦，2020）。此外，部分学者研究发现，满意度分别在旅游感知价值和重游意愿之间以及旅游地形象的认同与重游意愿之间具有中介效应（周文丽和张海玲，2022）。对大多数旅游者来说，其一生当中的旅游次数是有限的（廖平和谢礼珊，2022）。在公共卫生事件影响下，旅游满意度与重游愿意具有何种关系，其能否提高乡村旅游者的重游意愿？旅游满意度是否会分别在旅游动机、旅游感知价值、旅游地形象与重游意愿的影响关系中起到显著的中介传导作用？为回答上述问题，并结合假设H6－1～假设H6－6，本章提出如下假设：

H6－7：乡村旅游者在整个旅游环节中的满意度越高，其重游意愿发生的概率越大。

H6－8：满意度在旅游动机对重游意愿的关系中具有中介效应。

H6－9：满意度在旅游感知价值对重游意愿的关系中具有中介效应。

H6－10：满意度在旅游地形象对重游意愿的关系中具有中介效应。

五、旅游健康风险

风险感知源自心理学研究，是指个体基于外部环境潜在的和实际存在的危险而作出的主观判断，受个体特征和情境的影响（程励和赵晨月，2021）。当旅游者在进行旅游行为决策时感知到某种不确定性或危害时，就会产生相应的消极情绪（Bhati A S et al.，2021）。根据情绪评价理论，旅游者会根据决策时所产生的情绪而采取具体行动以回应情绪。旅游健康风险所引发的公众的感知判断可能对其情绪产生负面影响，旅游者将对感受到的危险采取保守态度（代筑蓉、林年容和王桀，2021），其往往倾向于选择熟悉的旅游目的地开展旅游活动（罗莹和姚增福，2023），最终导致其重游行为的发生。然而，不同旅游健康风险感知的乡村旅游者，其旅游动机、旅游地形象、旅游感知价值、旅游满意度与重游意愿的影响是否存在显著差异？针对以上问题，本章提出以下假设：

H6－11：旅游风险感知在旅游动机对旅游满意度的影响中起负向调节作用。

H6－12：旅游风险感知在旅游感知价值对旅游满意度的影响中起负向调节作用。

H6－13：旅游风险感知在旅游地形象对旅游满意度的影响中起负向调节作用。

H6－14：旅游风险感知在旅游动机对重游意愿的影响中起负向调节作用。

H6－15：旅游风险感知在旅游感知价值对重游意愿的影响中起负向调节作用。

H6－16：旅游风险感知在旅游地形象对重游意愿的影响中起负向调节作用。

H6－17：旅游风险感知在旅游满意度对重游意愿的影响中起负向调节作用。

综上所述，根据以上研究假设构建由旅游动机、旅游地形象、旅游感知价值、旅游满意度、旅游健康风险和重游意愿构成的研究模型（见图6－1），该模型涵盖6个结构变量和17个研究假设。

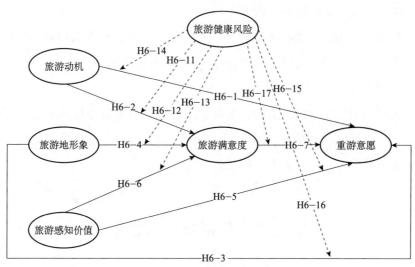

图6-1 重游意愿研究模型

第二节 指标构建

本章的指标设计多借鉴已有研究中被检验过的成熟量表，并在此基础上结合本章研究目标进行适当修改，以确保指标的语义内容符合本章情况。具体指标构建如下：

1. 旅游动机（解释变量）。旅游动机变量参考学者赵雪祥（2019）等的有关测量（赵雪祥，骆培聪，2019），信度为 0.75，共设计 4 个题项。

2. 旅游地形象（解释变量）。旅游地形象借鉴学者周杨等（2016）的测量指标，信度为 0.87，共设置 4 个题项。

3. 旅游感知价值（解释变量）。旅游感知价值主要借鉴学者王跃伟等（2019）的研究，采用 6 个题项进行测量，信度为 0.75。

4. 旅游满意度（中介变量）。满意度量表主要来自学者郭安禧等（2015）的研究，共设计 4 个题项，信度为 0.86。

5. 旅游健康风险（调节变量）。旅游健康风险主要参考学者佘升翔等（2016）的有关测量，信度为 0.78，共设计 2 个题项。

6. 重游意愿（被解释变量）。借鉴学者奥珀曼（Oppermann，2000）

的研究，共设计 2 个题项，信度为 0.77。

7. 控制变量。为排除本章以外的其他变量对研究结果的影响，本章将旅游者的人口学特征作为控制变量，包括旅游者的年龄、性别、年收入、学历（王金伟、张丽艳和王国权，2022）。

调研问卷由指导语、旅游者人口学统计特征以及各维度的测量题项所组成。每个维度的测量题项均采用 Likert5 级量表，1~5 级分别代表了乡村旅游者从非常不同意到非常同意的态度变化。

第三节　数据分析与结果

一、描述性和信效度检验

样本基本情况如表 6-1 所示。总体来看，女性旅游者占比略高于男性旅游者，为 54.40%；旅游者年龄以 51~60 岁为主，占 32.22%；大多数旅游者年收入在 5 万元以下；学历多为小学及以下，占 25.94%。

表 6-1　　　　　　　　　调查样本人口学特征

变量	类别	样本数	百分比（%）	变量	类别	样本数	百分比（%）
性别	男	218	45.60	学历	小学及以下	124	25.94
	女	260	54.40		初中	121	25.31
年龄	18~30 岁	101	21.13		高中或中专	92	19.25
	31~40 岁	140	29.29		大专	117	24.48
	41~50 岁	78	16.32		本科及以上	24	5.02
	51~60 岁	154	32.22	年收入	5 万元以下	313	65.70
	61 岁及以上	5	1.05		5 万~7 万元	82	17.20
					7 万元以上	82	17.20

借助 SPSS26.0 软件对问卷的一致性进行检验。若 Cronbach's α 值大于 0.7、KMO 值大于 0.7，则表示问卷内部一致性较高（罗莹和姚增福，2023）。本章所涉及的 6 个变量 Cronbach's α 值在 0.745~0.867 之间、

KMO＝0.785、Bartlett's 球形检验值为 8562.754、p＝0.000，说明问卷内部具有较高的一致性，符合假设检验的要求，适合做因子分析。采用主成分分析法，以因子载荷低于 0.4 等标准作为题项筛选依据，利用最大方差正交旋转法共提取 6 个公因子，累计方差贡献率为 77.582%。根据旋转后的因子载荷矩阵，将 6 个公因子分别命名为旅游动机（P）、旅游地形象（I）、旅游感知价值（V）、旅游满意度（S）、旅游健康风险（D）、重游意愿（R），详见表 6-2。

表6-2 探索性因子分析

变量	题项	因子载荷	均值	解释方差百分比（%）	Cronbach's α
旅游动机	缓解工作、生活压力	0.695	2.628	17.792	0.745
	欣赏田园风光	0.439	2.247		
	增加与亲友间的感情	0.604	3.209		
	参观、游览春风村新开发的景点	0.656	3.190		
旅游地形象	您对春风村乡村旅游的服务满意	0.702	2.993	16.587	0.867
	春风村给了我原汁原味的体验	0.714	3.249		
	在春风村旅游满足了我的好奇心	0.688	3.292		
	在春风村的旅游经历是独特的	0.634	3.199		
感知价值	春风村景点游览路标、告示完整	0.876	3.875	13.039	0.746
	春风村旅游基础设施完备	0.753	3.782		
	春风村交通可达性强	0.673	3.640		
	在春风村旅游点停车方便	0.683	3.745		
	春风村整体卫生状况良好	0.910	3.856		
	春风村生态环境优良好	0.900	3.864		
满意度	春风村旅游经历令人愉快	0.667	3.711	10.633	0.863
	选择春风村旅游是正确的	0.723	3.690		
	您对此次旅游非常满意	0.741	3.640		
	本次旅游的开支是"值得"的	0.544	3.416		
旅游风险感知	担心旅游过程中健康受损	0.885	3.124	9.775	0.778
	您在旅游时会做好预防措施	0.857	3.566		
重游意愿	我愿意重游春风村已游览过的景点	0.606	3.447	9.756	0.772
	我愿意重游春风村新开发的景点	0.608	3.615		

二、相关分析

为有效检验旅游健康风险的调节作用，计算每位旅游者旅游健康风险维度总体均值，将均值在 3 分以下的乡村旅游者编码为 0，均值处于 3 分及以上的编码为 1。因此，将旅游健康风险维度则转化为二分类变量，在此基础上对本章所有解释变量、被解释变量、调节变量进行相关性分析。结果如表 6 - 3 所示，旅游满意度与旅游动机（$\gamma = 0.517$，$p < 0.01$）、旅游地形象（$\gamma = 0.458$，$p < 0.01$）、旅游感知价值（$\gamma = 0.366$，$p < 0.01$）之间存在显著的正向关系。与此同时，重游意愿与旅游动机（$\gamma = 0.091$，$p < 0.05$）、旅游地形象（$\gamma = 0.163$，$p < 0.01$）、旅游感知价值（$\gamma = 0.041$，$p < 0.05$）间存在显著的正向影响，为后面探讨各变量间影响关系奠定了前提条件。

表 6 - 3　　　　　　　　各维度的相关系数、均值及标准差

变量	旅游动机	旅游地形象	旅游感知价值	满意度	重游意愿	旅游风险感知
旅游动机	1					
旅游地形象	0.743 **	1				
旅游感知价值	0.503 **	0.312 **	1			
旅游满意度	0.517 **	0.458 **	0.366 **	1		
旅游健康风险	0.508 **	0.422 **	0.397 **	0.492 **	1	
重游意愿	0.091 *	0.163 **	0.041 *	0.025	- 0.186 **	1
均值	2.819	3.183	3.794	3.614	3.531	3.418
标准差	0.594	0.634	0.337	0.461	0.618	0.625

注：* * 表示 $p < 0.01$，* 表示 $p < 0.05$。

三、阶层回归分析

为检验假设 H6 - 1 ~ 假设 H6 - 7，本章分别将重游意愿与旅游满意度作为因变量进行 7 次阶层回归分析（见表 6 - 4）。首先，考虑到人口学特征可能会对回归分析结果产生影响，借鉴王金伟等（2022）的做法，将旅游者的"性别""年龄""年收入" 3 个题项进行标准化处理后作为控制变

量。其次，将探索性因子分析所析出的 6 个维度保存为变量。再次，将重游意愿作为因变量，建立模型 M1～M5。其中，M1 放入"年龄""性别""年收入"3 个变量中，M2 在 M1 的基础上引入旅游感知价值变量，M3 在 M2 的基础上引入旅游地形象变量，M4 在 M3 的基础上引入旅游动机变量，M5 在 M4 的基础上引入旅游满意度作为自变量。最后，将旅游满意度作为因变量，建立模型 M6～M9。其中，M6 是以 3 个人口学统计特征变量作为自变量，M7 在 M6 的基础上引入旅游感知价值变量，M8 在 M7 的基础上引入旅游地形象变量，M9 在 M8 的基础上引入旅游动机变量。回归结果见表 6 - 4。

表 6 - 4　　　　　　　　　　　阶层回归分析结果

因变量	重游意愿 M1～M5					旅游满意度 M6～M9			
	M1	M2	M3	M4	M5	M6	M7	M8	M9
控制变量									
性别	0.037	-0.040	-0.047	-0.041	-0.043	0.068	0.016	0.011	0.004
年龄	-0.002	-0.011	-0.027	-0.031	-0.034	0.022	0.016	0.003	0.007
年收入	0.028	0.021	0.068**	0.067	0.056*	-0.007	-0.012	0.026	0.026
旅游感知价值		0.738***	0.532***	0.571***	0.448***		0.495***	0.327***	0.280***
旅游地形象			0.351***	0.414***	0.322***			0.286***	0.208***
旅游动机				-0.099*	-0.153**				0.122**
旅游满意度					0.439***				
R^2	0.003	0.160	0.271	0.275	0.353	0.009	0.136	0.268	0.280
ΔR^2	0.003	0.157	0.110	0.004	0.077	0.009	0.127	0.132	0.012
F	0.501	22.589***	35.069***	29.828***	36.584***	1.512	18.674***	34.562***	30.545***
ΔF	0.501	88.578***	71.517***	2.911	56.162***	1.512	69.504***	84.869***	7.924**

注：＊＊＊表示 p < 0.001，＊＊表示 p < 0.01，＊表示 p < 0.05。

1. 将重游意愿作为被解释变量时，M1 的 $R^2 = 0.003$、$F = 0.501$、$p > 0.05$，说明人口学变量对重游意愿的影响不具有统计学解释意义。M2 的 F 值为 22.589（$\beta = 0.738$，$p < 0.001$），表明旅游感知价值对重游意愿具有显著的正向影响，假设 H6 - 5 成立。M3 的 F 值为 35.069（$\beta = 0.351$，

$p < 0.001$），旅游地形象对重游意愿有显著的正向影响，假设 H6 - 3 成立。M4 的 F 值为 29.828（$\beta = -0.099$，$p < 0.05$），旅游动机对重游意愿有显著的负向影响，假设 H6 - 1 不成立。M5 的 F 值为 36.584（$\beta = 0.439$，$p < 0.001$），旅游满意度对重游意愿有显著的正向影响，假设 H6 - 7 成立。

2. 以旅游满意度作为被解释变量时，M6 的 $R^2 = 0.009$、F = 1.512、$p > 0.05$，表明人口学统计特征中的 3 个变量对旅游满意度的影响不具有统计学解释意义。M7 的 F 值为 18.674（$\beta = 0.495$，$p < 0.001$），说明旅游感知价值对旅游满意度有显著的正向影响，假设 H6 - 6 成立。在 M8 中，F = 34.562（$\beta = 0.286$，$p < 0.001$），表明旅游地形象对旅游满意度有显著正向影响，假设 H6 - 4 成立。在 M9 中，F = 30.545（$\beta = 0.122$，$p < 0.01$），表明旅游动机对旅游满意度有显著正向影响，假设 H6 - 2 成立。

四、中介效应检验

为深入验证旅游满意度分别在旅游动机、旅游地形象、感知价值对重游意愿的影响中是否具有中介效应，本章运用 Amos20.0 软件中的 Bootstrap 检验方法，将重复抽样次数设置为 1000，以检验满意度的中介效应，分析结果见表 6 - 5。

表 6 - 5 中介效应检验

| 变量 | 效应 | 点估计 | 系数相乘积 | | Bootstraping（5000） | | | |
| | | | 标准误差 SE | 统计量 Z | Bias-corrected 95% CI | | Percentile 95% CI | |
					Lower	Upper	Lower	Upper
P→S→R	IE	0.325	0.075	4.333	0.202	0.495	0.199	0.491
	DE	-0.228	0.153	-1.490	-0.575	0.026	-0.566	0.035
	TE	0.097	0.132	0.735	-0.195	0.326	-0.183	0.333
I→S→R	IE	-0.105	0.048	-2.188	-0.218	-0.026	-0.212	-0.023
	DE	0.269	0.109	2.468	0.079	0.506	0.078	0.505
	TE	0.163	0.103	1.583	-0.026	0.378	-0.025	0.379
V→S→R	IE	0.041	0.033	1.242	-0.021	0.108	-0.023	0.106
	DE	0.393	0.086	4.570	0.232	0.569	0.23	0.568
	TE	0.434	0.085	5.106	0.268	0.604	0.269	0.606

旅游满意度在旅游动机与重游意愿之间的间接效应的点估计值为 0. 325，Bias-corrected95%的置信区间和 Percentile95%的置信区间均不包括 0；而在直接效应中，Bias-corrected95%的置信区间和 Percentile95%的置信区间均涵盖 0，说明旅游满意度在旅游动机对重游意愿的影响中具有完全中介作用，假设 H6 – 8 得到支持。旅游满意度在旅游地形象与重游意愿的间接效应和直接效应的点估计值分别为 – 0. 105 和 0. 269，Bias-corrected95%的置信区间和 Percentile95%的置信区间均不包含 0，说明旅游满意度在旅游地形象和重游意愿的影响中具有部分中介作用，假设 H6 – 10 得到验证。旅游满意度在旅游感知价值与重游意愿的直接效应的点估计值为 0. 393，Bias-corrected95% 和 Percentile95% 的置信区间不包含 0，而在间接效应中，Bias-corrected95% 和 Percentile95% 的置信区间包括 0，说明旅游满意度在旅游感知价值对重游意愿的影响中不具有中介作用，假设 H6 – 9 不成立。

五、调节效应检验

为检验假设 H6 – 11 ~ 假设 H6 – 17，本章采用阶层回归分析法对旅游风险感知的调节作用进行检验。第一步，将解释变量（旅游动机、旅游地形象、旅游感知价值）和调节变量（旅游风险感知）进行中心化处理，将解释变量、控制变量（年龄、性别、年收入）和调节变量放入阶层回归模型自变量中的第一层至第九层，分别以重游意愿建立基础模型（M9、M11、M13、M15）。在此基础上，将旅游动机均值、旅游地形象均值、旅游感知价值均值、旅游满意度与调节变量旅游风险感知分别两两相乘，共产生 4 个交互项，将其放入第十层至第十三层得到 M10、M12、M14、M16，结果如表 6 – 6 所示。

根据表 6 – 6 的结果可以看出：将重游意愿作为因变量时，旅游动机、旅游地形象、旅游感知价值、旅游满意度分别与旅游健康风险分析的交互项均达到显著水平（M10、M12、M14、M16 的 p 值均小于 0. 001），且 ΔF 均 < 0. 001，表明旅游健康风险存在显著的调节作用。具体而言，M10 中旅游动机与旅游健康风险的交互项对重游意愿起显著的正向影响（β =

表6-6　旅游健康风险感知的调节效应分析

因变量	重游意愿								旅游满意度					
	M9	M10	M11	M12	M13	M14	M15	M16	M17	M18	M19	M20	M21	M22
控制变量														
性别	-0.04	-0.05	-0.04	-0.06	-0.07	-0.09	-0.08	-0.05	0.01	0.01	0.02	0.01	0	-0.02
年龄	0	0	0	0	0	0	0	0	0	0	0	0	0	0
年收入	0	0	0	0	0	0	0	0	0	0	0	0	0	0
自变量														
M 旅游动机	0.56***	0	-0.14	1.16***	1.00***	0.59*			0.41***	0.76***	0.65***	1.28***	1.17***	0.69***
I 旅游地形象			0.17***	-1.50***	-1.38	-1.24***					0.13**	-0.67***	-0.59***	-0.42***
P 旅游感知价值				0.61***	0.23***	1.26***							0.16**	1.37***
S 旅游满意度							0.32**	2.05***						
调节变量														
D 旅游风险感知	-0.22**	-0.30***	-0.95***	-1.14***	-1.36***	-0.29	-0.76	0.52	-0.02	0.43*	0.41*	0.19	0.22	11.48***
交互项														
M×D		0.22***								-0.14**				
I×D												-0.30***		
P×D						-0.36***								-0.43***
S×R								-0.65***						
R²	0.32	0.34	0.35	0.42	0.43	0.44	0.47	0.53	0.27	0.28	0.30	0.33	0.33	0.36
ΔR²	0.32	0.02	0.01	0.07	0.01	0.01	0.04	0.05	0.27	0.01	0.01	0.03	0.01	0.02
F	44.44***	39.86***	36.18***	41.89***	38.87***	36.30***	32.20***	53.10***	35.24***	31.15***	28.50***	28.31***	26.27***	26.18***
ΔF²	44.44***	11.82***	9.70***	53.53***	9.04***	7.93***	38.13***	43.28***	35.24***	8.06***	9.33***	19.21***	7.03***	17.19***

注：*** 表示 p<0.001，** 表示 p<0.01，* 表示 p<0.05。

0.22，p < 0.001），这表明相较于低旅游健康风险的旅游者，高旅游健康风险的旅游者的旅游动机对其重游意愿的正向影响更强，假设 H6 – 14 不成立；M12 中旅游地形象与旅游健康风险的交互项对重游意愿起显著的正向影响（β = 0.61，p < 0.001），即相较于低旅游健康风险的旅游者，高旅游健康风险的旅游者对旅游地形象的评价越高，其重游意愿的正向影响越强，假设 H6 – 16 不成立；M14 中旅游感知价值与旅游健康风险的交互项对重游意愿起显著的负向影响（β = – 0.36，p < 0.001），这说明相较于高旅游健康风险的旅游者，低旅游健康风险的旅游者对旅游感知价值的评价越高，其重游意愿的正向影响越强，假设 H6 – 15 成立；M16 中旅游满意度与旅游健康风险的交互项对重游意愿起显著的负向影响（β = – 0.65，p < 0.001），即相较于高旅游健康风险的旅游者，低旅游健康风险的旅游者的旅游满意度对其重游意愿的正向影响更强，假设 H6 – 17 成立。以旅游满意度作为因变量时，M18、M20、M22 的交互项以及 F 值的变化量均达到显著水平，表明旅游健康风险在旅游动机、旅游地形象、旅游感知价值对旅游满意度的影响中存在显著的调节作用。具体而言，M18 中旅游动机与旅游健康风险的交互项对重游意愿起显著的负向影响（β = – 0.14，p < 0.01），即相较于高旅游健康的旅游者，低旅游健康风险的旅游者的旅游动机越强，其满意度的正向影响越强，假设 H6 – 11 成立；M20 中旅游地形象与旅游健康风险的交互项对满意度起显著的正向影响（β = 0.30，p < 0.001），这表明相较于低旅游健康风险的旅游者，高旅游健康风险的旅游者对旅游地形象评价越高，其满意度越强，假设 H6 – 13 不成立；M22 中旅游感知价值与旅游健康风险的交互项对重游意愿起显著的负向影响（β = – 0.43，p < 0.001），即相较于高旅游健康风险的旅游者，低旅游健康风险的旅游者的旅游感知价值越强，其满意度的正向影响越强，假设 H6 – 12 成立。

为更直观展现旅游健康风险感知的调节作用，本章将旅游地形象作为自变量，将旅游健康风险变量的均值加减一个标准差作为分组依据（王金伟和张丽艳，2022），分别对高旅游健康风险感知和低旅游健康风险感知下旅游地形象和重游意愿间的作用关系进行作图表示，结果见图 6 – 2。对于高旅游健康风险的旅游者而言，旅游地形象对其重游意愿的正向影响更大，而对低旅游风险感知的旅游者而言，旅游地形象对其重游意愿的影响则相对较弱。因此，旅游健康风险能够在旅游地形象与重游意愿的影响关系中产生显著的调节作用。

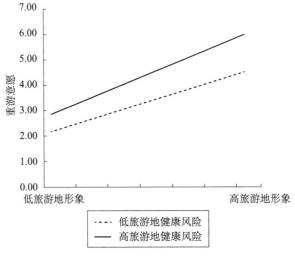

图 6－2　旅游风险感知的调节效应

第四节　研究结论

　　重游者与初游者相比，其在旅游目的地停留时间更长、对旅游地的经济贡献更大，如何提高旅游者重游率，成为学界关注的重要问题之一。但现有研究在分析旅游者重游意愿影响因素时，尚未将不同类型旅游地的旅游者进行有效区分，导致研究结果缺乏针对性；且大多研究基于计划行为理论，忽视了旅游者情绪变化导致其行为进一步改变的探讨。本章基于情绪评价理论，结合公共卫生事件所唤起的公众对旅游健康风险认知，剖析乡村旅游者旅游动机、旅游地形象、旅游感知价值、旅游满意度、旅游健康风险、重游意愿之间的影响关系。

　　基于春风村 478 份乡村旅游者的有效问卷进行数据分析发现：（1）旅游感知价值、旅游地形象、旅游满意度能对重游意愿产生显著的正向影响。这与阿拉梅等（Allameh et al. , 2015）、刘法建等（2019）、韩春鲜（2015）的研究结果相似。而旅游动机对重游意愿则存在显著负向影响，这一实证结果与现有研究存在矛盾，其原因可能是旅游者的异质性以及旅游地类型多元化所引起的研究结果之间相互矛盾（廖平和陈钢华，2020）。此外，研究人员在对春风村旅游者进行调研时发现，外地游客较少，绝大多数旅游者来自当地。当地旅游者就近开展旅游活动普遍是为了降低跨区域流动中潜在的旅游健康风险，而选择熟悉的春风村作为旅游目的地。这一研究发现与西奥霍（Seoho, 2006）的研究结论相似。与此同时，春风村旅游者年龄普遍偏大，前往春风村开展旅游活动的动机并不是"缓解工作、生活压力"，进而导致此题项得分较低。综上所述，导致研究结果呈现出旅游动机对重游意愿呈负向影响。

（2）满意度在旅游动机与重游意愿、旅游地形象与重游意愿之间存在一定的中介作用。具体而言，旅游满意度在旅游动机对重游意愿的影响中具有完全中介作用，在旅游地形象和重游意愿的影响中起部分中介作用。实证结果与郭安禧等提出的"动机对重游意愿无显著直接影响，但可通过满意度的中介作用对重游意愿产生间接影响"的结论较为吻合（郭安禧、黄福才和黎微，2013）。同时，也论证了陈悦梅的研究结论，即游客满意度在旅游地形象与重游意愿间存在部分中介效应（陈悦梅，2021）。

（3）旅游健康风险在旅游地形象、旅游动机、旅游感知价值与满意度的影响关系中起到显著的调节作用。具体来看，在表 6 – 6 的 M18（$\beta = -0.14$，$p < 0.01$）、M22（$\beta = -0.43$，$p < 0.001$）中，相较于高旅游健康风险的旅游者，低旅游健康风险的旅游者的旅游动机、旅游感知价值对其满意度的正向影响更强；而在 M20（$\beta = 0.30$，$p < 0.001$）中，相较于低旅游健康风险的旅游者，高旅游健康风险的旅游者对旅游地形象评价越高，其满意度更强。

（4）旅游健康风险分别在旅游动机、旅游地形象、感知价值、满意度与重游意愿的影响关系中起到负向或正向的调节作用。具体而言，相较于低旅游健康风险的乡村旅游者，高旅游健康风险情境下的乡村旅游者的旅游动机、旅游地形象评价对其重游意愿的正向影响更强；相较于高旅游健康风险的乡村旅游者，低旅游健康风险的乡村旅游者对旅游感知价值及满意度越高，其重游意愿的正向影响就越强。研究结果揭示了旅游健康风险是影响乡村旅游者重游意愿的重要变量，其对旅游者重游意愿的影响具有两面性，且旅游活动并非都在低旅游健康风险的情境中开展。一方面，强烈的旅游动机作为推力会使旅游者在高风险下选择熟悉的旅游地开展活动（陈悦梅，2021），因此激发了其重游意愿。此外，旅游者对于旅游地特征的认知和情感表达（方淑苗和方帆，2022），会加深旅游者对旅游目的地的了解，导致即使存在旅游健康风险，旅游者仍会故地重游。另一方面，相较于高旅游健康风险的旅游者，低旅游健康风险的旅游者更关注旅游目的地对其旅游需求的满足程度和感知到的旅游价值。若其对旅游地满意度或感知价值较高，旅游健康风险较低的情况将有助于激发其重游意愿。

第五节　小　　结

本章加深了人们关于旅游健康风险对重游意愿影响的认知。根据情绪评价理论，公众在进行旅游决策时可能会受到预期结果所产生的情绪的影响。旅游健康风险可能会影响旅游者的预期情绪，进而导致其行为发生相应变化。同时，考虑到若旅游者在某一乡村旅游地仅仅是"到此一游"，而不是"一而再、再而三"地前往同一旅游目的地开展旅游活动，将不利于乡村旅游产业的可持续发展。如何提高乡村旅游者的重游意愿成为乡村旅游产业稳定发展的关键。本章在梳理重游意愿已有影响因素的基础上，将满意度作为中介变量、旅游健康风险变量设为调节变量，构建了乡村旅游者重游意愿的研究模型，借助实地调研所获得的一手数据，探讨乡村旅游者重游意愿影响因素的路径及作用机制，为乡村旅游者重游意愿研究提供了新的关注点，完善了旅游者行为的相关研究，拓展了情绪评价理论在乡村旅游情境下的应用，有助于确保乡村旅游业持续发挥其减贫作用、加快推进乡村振兴目标的实现、具有一定的边际贡献。

本章基于情绪评价理论，通过研究发现了旅游健康风险的调节作用，并进一步发现其对重游意愿的影响具有两面性，即其并非完全抑制乡村旅游者的重游意愿。实证结果有助于更好地促进人们对于乡村旅游者重游意愿的理解。已有重游意愿影响因素的研究大多关注旅游者动机、满意度、感知价值、旅游地形象等变量对重游意愿的影响大小，忽略了因旅游健康风险对旅游者情绪造成影响，进而导致其旅游行为发生相应变化的探讨。本章在已有研究的基础上引入情绪评价理论，丰富了重游意愿的相关研究，能更好地解释乡村旅游者重游意愿的影响机制，为乡村旅游业把握发展契机提供了有效的理论依据。

第七章　旅游者参与乡村旅游发展的组态路径分析

乡村旅游不仅满足了大多数旅游者对农家生活的美好体验，同时也因旅游者在目的地进行旅游消费而使农户获得旅游收益，进而推动农户持续减贫。乡村旅游者不仅是旅游地农户持续获得旅游收入的重要来源，也是乡村旅游可持续发展的重要保障。此外，由于重游者与初游者相比，其在旅游地停留时间更长、对目的地的经济贡献更大，能延长旅游地生命周期、促进生态环境保护。因此，如何提高旅游者重游率成为旅游地可持续发展的又一关键因素。本章首先在理论分析与计量分析已有重游意愿影响因素的基础上，基于复杂性理论构建乡村旅游者高重游意愿的复杂因果模型；其次，运用模糊集定性比较分析方法（fuzzy-set qualitative comparative analysis，fsQCA）探索乡村旅游者高重游意愿的复杂性关系，阐释高重游意愿的多重路径形成机制，以延长乡村旅游地生命周期。调研人员于2022年3~6月，分别进行了6次问卷发放，涵盖了春风村旅游的淡季与旺季。为确保旅游者的代表性，样本抽样原则为：首先，询问旅游者第几次到春风村旅游，以筛选符合研究目标的旅游者（第二次及以上到春风村旅游）。其次，若旅游者是以家庭或朋友结伴的方式出游，则邀请旅游发起者作为代表填写问卷；若旅游者为单独出行，同样请其填写问卷。需说明的是，未成年人不属于本次调研范畴。调研共发放512份问卷，回收512份，其中，有效问卷478份，有效率为93.35%。

第一节　理论基础与模型构建

一、理论基础

复杂性理论是一类以非线性组合方式来对现实世界进行建模的概念。其关注自变量间的组合方式对因变量产生的影响，能更深入剖析自变量间与因变量的复杂关系，有效说明传统线性方法中无法解释的因自变量间相互影响导致结果发生变化的情况。由于旅游者行为的实际发生是一系列复杂的抉择过程，因旅游者主体、客观因素等交互影响，采用复杂性理论有助于深入解释旅游者行为。复杂性理论包含五大原则：原则一，某一前因条件与同一数据集中的结果既存在正相关也存在负相关关系，这取决于前因条件组合中其他要素是否存在；原则二，一个前因条件组合对识别高得分结果是充分的；原则三，达到预期结果可能有多条路径，不同路径的前因条件存在差异；原则四，某一简单的前因条件可能是必要的，但对于导致高得分结果来说却很少是充分的；原则五，预测高得分结果的前因条件组合仅代表研究案例的部分观点，因此，任一前因条件组合的覆盖度都小于1。

复杂性理论已逐渐被运用到旅游研究中。程励和许娟采用基于复杂性理论的模糊集定性比较分析方法对旅游地居民旅游满意度的复杂性进行探讨，研究发现18种高水平满意度和13种低水平满意度的前因条件组合。

二、重游意愿影响因素分析

重游者与初游者相比，其对旅游地的经济贡献作用更大。因此，学界围绕如何提高旅游者忠诚进行大量研究，并将其划分为态度忠诚和行为忠诚。而重游意愿是旅游者态度忠诚的重要表征。在一定条件下，重游意愿可转化为实际的重游行为。大多数学者研究发现，旅游动机、满意度、旅游地形象、感知价值等对重游意愿有正向促进作用。本章借鉴已有相关研究成果，并考虑到突发公关危机事件的影响，将旅游健康风险变量纳入重游意愿已有影响因素中，探讨各前因变量对重游意愿的组态效应。

（一）动机对重游意愿的影响

动机是激发和维持个体行为的关键因素，被认为是决定个体行为的内在动力。在旅游领域中，探讨旅游者动机是了解旅游者需求及其决策的有效途径。丹恩（Dann，1977）和李（Lee，1992）认为，旅游动机主要由推力和拉力所组成，"推"是指旅游者因自身需求而引起的内在动因，包括放松、家庭聚会、满足愉快等；"拉"是与旅游吸引物有关的外部因素，如外界信息刺激、目的地信任、新开发的旅游产品、良好的旅游环境等。动机对旅游者重游意愿产生正向影响。由此，本章从动机的推力与拉力两个方面构建指标，并认为它们对乡村旅游者重游意愿具有重要影响。

（二）满意度对重游愿意的影响

满意度最早源于心理学中的差距理论，通过将人们心理预期与实际感知进行对比而形成的一种主观心理状态，此后，其在社会学、市场营销等领域得到广泛应用。在旅游领域，国内外学者研究发现，满意度对重游意愿具有显著正向影响。史瑞应（2022）发现，满意度在旅游服务质量与旅游者重游意愿间发挥中介作用。方淑苗等（2022）以乡村旅游为研究类型发现，满意度对提升旅游者重游意愿发挥中介作用。李东等（2022）实证研究得出满意度在情感形象与游客重游意愿间发挥显著的调节作用这一结论。

（三）旅游地形象对重游意愿的影响

旅游地形象是旅游者对旅游地所持有的观念、印象的总和。学界普遍认为，旅游地形象是重游意愿的重要前提，其对重游意愿具有正向作用。研究者一般将旅游地形象划分为认知形象、情感形象两个维度。其中，认知形象是旅游者基于旅游地属性而进行的评价，情感形象则是旅游地所引起的旅游者的情绪反应。张红梅等（2016）以贺兰山东麓葡萄产业旅游为例研究发现，情感形象对重游意愿有正向影响，而认知形象与重游意愿不存在统计学意义。刘力等（2015）使用回归分析方法探究认知形象与温泉旅游者行为间的关系，研究表明，认知形象对重游意愿有显著正向影响。

（四）感知价值对重游意愿的影响

感知价值是指旅游者在旅游过程中所体验到的益处。大多数学者通过实证研究得出感知价值会对旅游者重游意愿产生影响。陶长江等（2018）将感知价值分为 6 个维度（环境氛围价值、服务价值、享乐价值、功能价值、社交体验价值和情感价值），结果表明，除服务价值外的另外 5 个感知价值都对游客的重游意愿存在正向影响。郭安禧等（2018）实证游客感知价值中的实体价值、经济价值、学习价值对重游意愿有显著正向影响。由于乡村旅游有其自身的环境氛围、情感体验和特色文化等特点，本章从环境氛围价值、功能价值和情感价值 3 个方面设计测量指标。

（五）人口学特征对重游意愿的影响

在旅游者个人特征方面，性别、年龄、收入、受教育程度等也会对重游意愿产生影响。陈海波等（2012）以海南国际旅游岛游客为研究对象发现，女性重游行为高于男性，高学历者重游率比例较高。尹燕等（2013）实证发现经济实力强的旅游者重游行为较高，并且城市旅游者为缓解城市工作压力将乡村作为重游地的可能性较大。林喜华和蔡蔚萍（2021）以红色旅游区游客作为研究对象发现，旅游者学历越高，其重游行为越多。

（六）旅游健康风险对旅游者重游意愿的影响

风险的存在意味着人们可能遭受损失，进而影响其决策行为。当今国际公共卫生紧急事件频发，旅游者在目的地安全程度未知的情况下，其出游意愿会受旅游健康风险的影响，致使户外性、聚集性特征明显的旅游业发展受阻。旅游健康风险是指旅游者在旅游活动过程中使其健康受损的可能性，它涉及旅游者的人身安全。旅游健康风险正在改变旅游者远距离的跨区域旅游。西奥霍（Seoho，2006）发现，风险厌恶者倾向重游熟悉的旅游地。在突发公关危机的情况下，旅游者对旅游健康风险的意识明显增强，特别是在旅游过程中存在身体健康受到负面影响的风险，以及如何在旅游过程中有效做好个人防护措施，都将进一步制约旅游者行为。

综上所述，现有旅游者重游意愿影响因素研究主要围绕动机、满意度、感知价值、旅游地形象等方面，较少基于当前社会现状而对旅游健康风险与已有影响因素之间的复杂交互作用进行研究，尚缺少旅游者重游意愿复杂性的进一步实证证据。本章将从复杂性角度全面地对乡村旅游者高重游意愿影响路径进行分析，以期丰富现有旅游者行为研究。

三、模型构建

由于旅游者重游意愿的发生受一系列复杂因素的相互影响。为探究多因素交互作用共同导致重游意愿的不同路径组合，本章基于复杂性理论并结合上文分析的影响因素构建了乡村旅游者重游意愿概念模型（见图 7 - 1）。其中，年龄、年收入等人口学特征是影响旅游者重游意愿的重要因素，因此，首先，本章将年龄、性别、学历、年收入作为高水平重游意愿的指标（模型 A）；其次，模型 B 从满意度、动机、感知价值、旅游地形象、旅游健康风险变量方面模拟高重游意愿；最后，人口统计学、满意度、动机、感知价值、旅地形象、旅游健康风险变量一起被用作高重游意愿（模型 C）。

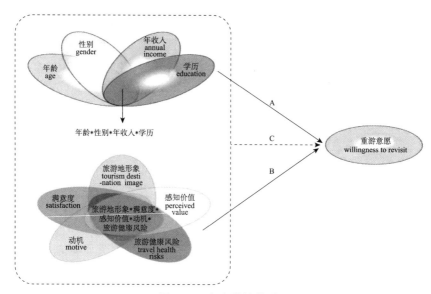

图 7 - 1   复杂结构模型

第二节　研究方法与问卷设计

一、研究方法

　　fsQCA 分析方法的优势在于从整体视角探索结果变量发生是由哪些前因条件组合所导致，是一种假设各自变量间相互作用的因果非对称分析方法。即认为因变量 Y 的产生是多个自变量（X_1，X_2，…，X_n）综合作用的结果，其优势在于突破传统定量研究的单变量分析，适用于本章所探讨的旅游者重游意愿的复杂性关系。该方法与 SPSS26.0、Amos20.0 相结合，通过测算覆盖率和一致性揭示引发重游意愿产生的前因条件组合，能较好地解释乡村旅游者高水平重游意愿的非对称因果组合路径。首先，使用 SPSS26.0 对问卷整体进行信度、效度检验，在确保数据质量可靠后进行探索性因子分析，以检验各潜变量设计是否合理；其次，基于复杂性理论对所提出的乡村旅游者高重游意愿进行非对称建模（见图 7-1）；再次，采用 Amos20.0 进行验证性因子分析，以确保模型适配度良好；最后，使用 fsQCA3.0 软件分析组合路径。

二、问卷设计

　　本次调研问卷共包含两个部分：第一部分是由旅游者年龄、性别、年收入、学历、到春风村的旅游次数等所构成的基本信息；第二部分的观测变量主要根据上述分析的影响因素采用 Likert5 级量表进行度量，请旅游者根据自身感受对观测变量打分，1 表示非常不同意，5 表示非常同意。

　　本章结合以上重游意愿的理论分析，从动机、满意度、旅游地形象、感知价值、旅游健康风险变量 5 个方面对重游意愿进行解读。其中，满意度量表主要来自学者郭安禧等（2013）的研究，动机变量借鉴学者赵雪祥等（2019）的研究，感知价值量表主要借鉴学者王跃伟等（2019）

的研究，旅游地形象则借鉴学者周杨等（2016）研究，旅游健康风险主要参考学者佘升翔等的研究，重游意愿变量改编自学者奥珀曼（2000）的研究。

第三节　数据处理

由于 fsQCA 分析方法基于布尔代数逻辑，其要求数据是之间的集合。但由于初始样本数据并不满足这一条件，需将收集到的数据进行校准，其中，1 属于完全隶属关系，0 属于完全不隶属关系。由于本章第二部分采用 Likert5 级量表，将完全隶属阈值设为 5，完全不隶属阈值设为 1，交叉点设为 3。这意味着，在 fsQCA 分析结果中，旅游健康风险变量发挥作用代表高旅游健康风险。第一部分对性别的校准借鉴已有文献使用的 0.05（完全不隶属）和 0.95（完全隶属）标准，而年龄、年收入、学历则分别将各类中的最大值、最小值、均值作为完全隶属阈值、完全不隶属阈值，中间值作为阈值进行校准。

第四节　多重组态路径检验

一、样本描述性统计分析

样本特征如表 7 - 1 所示：男性占 45.6%，女性占 54.4%；51～60 岁旅游者占比最高（32.22%）；受公共卫生事件的影响，大部分旅游者来自本县，占 87.20%；在个人年收入方面，有 65.70% 的旅游者年收入在 5 万元以下；有 56.90% 的旅游者是第四次及以上到春风村；停留时间在 4 小时及以下的旅游者占 57.80%；旅游者的最高学历和消费水平均普遍较低。

表 7 – 1   样本人口学特征（N = 478）

变量	类别	样本数	百分比（%）	变量	类别	样本数	百分比（%）
性别	男	218	45.60	学历	小学及以下	124	25.94
	女	260	54.40		初中	121	25.31
年龄	18～30 岁	101	21.13		高中或中专	92	19.25
	31～40 岁	140	29.29		大专	117	24.48
	41～50 岁	78	16.32		本科及以上	24	5.02
	51～60 岁	154	32.22	单次旅游时间	2 小时及以下	107	22.40
	61 岁及以上	5	1.05		3～4 小时	169	35.40
年收入	5 万元以下	313	65.70		4 小时以上	202	42.20
	5 万～7 万元	82	17.20	单次消费金额	100 元及以下	399	83.50
	7 万元以上	82	17.20		100～200 元	21	5.00
重游次数	第 2 次	96	20.10		200 元以上	55	11.50
	第 3 次	110	23.00	常住地	本县	417	87.20
	第 4 次及以上	272	56.90		本市或其他地区	61	12.80

二、信度及效度检验

本章采用 SPSS26.0 进行探索性因子分析。本部分的 Cronbach's α 为 0.856，大于 0.7，KMO = 0.752，P = 0.000，说明适合进行因子分析。选用最大方差正交旋转法进行分析，共提取 6 个公因子，其累计方差贡献率为 73.505%，能较好地反映原始指标的大部分信息，结果如表 7 – 2 所示。

表 7 – 2   变量的信效度检验

潜变量	观测变量	因子载荷	AVE	CR	Cronbach'a
动机	缓解工作、生活压力	0.739	0.512	0.806	0.745
	欣赏田园风光	0.654			
	增进亲友感情	0.675			
	参观新的旅游景点	0.688			

续表

潜变量	观测变量	因子载荷	AVE	CR	Cronbach'a
旅游地形象	春风村旅游产品丰富	0.490	0.643	0.896	0.796
	春风村旅游服务良好	0.877			
	春风村给您原汁原味的乡村体验	0.755			
	此次旅游满足了您的好奇心	0.909			
	此次旅游经历是独特的	0.900			
感知价值	春风村景点游览路标、告示完整	0.857	0.660	0.920	0.746
	春风村旅游基础设施完备	0.676			
	春风村交通可达性强	0.748			
	在春风村停车方便	0.759			
	春风村整体卫生条件良好	0.864			
	春风村生态环境优良	0.944			
满意度	此次旅游经历是令人愉快的	0.866	0.685	0.895	0.863
	选择春风村作为旅游目的地是正确的	0.913			
	本次旅游是令人满意的	0.866			
	本次在春风村的花费是值得的	0.640			
旅游健康风险	担心旅游过程中生病	0.889	0.608	0.818	0.778
	突发公共卫生事件期间您在旅游时会做好预防措施	0.843			
	您认为在此旅游健康受到负面影响的可能性较低	0.567			
重游意愿	我愿意重游春风村已游览过的景点	0.850	0.708	0.829	0.772
	我愿意重游春风村新开发的景点	0.833			

使用 Amos20.0 对模型拟合优度进行检验，以确保各观测变量与潜变量之间的因果关系。本部分的 $\chi^2 = 630.980$、$\chi^2/df = 2.976$、$CFI = 0.948$、$TLI = 0.914$、$RMSEA = 0.064$，说明模型具有较好的拟合度，详见表 7 – 3。

表 7 - 3			模型拟合检验			
项目	动机	旅游地形象	感知价值	满意度	旅游健康风险	重游意愿
动机	0.756					
旅游地形象	0.714**	0.817				
感知价值	0.394**	0.368**	0.725			
满意度	0.421**	0.524**	0.345**	0.873		
旅游健康风险	0.107*	0.108*	0.456**	-0.102*	0.842	
重游意愿	0.322**	0.536**	-0.128**	0.472**	-0.140**	0.778

注：**表示 $p < 0.01$，*表示 $p < 0.05$，对角线上的数字是 AVE 的平方根。

三、单变量必要性检验

采用 fsQCA 对数据集进行组态分析前需进行必要性检验，以判断各单变量是否为结果变量的必要条件。若单变量一致性大于 0.9，则认为该变量是结果变量的必要条件。由表 7 - 4 可以看出，所有变量虽对重游意愿具有一定的解释力，但一致性均小于 0.9，这一结果说明乡村旅游者重游意愿的发生受多方面因素影响，而非某单一变量的作用，需通过变量间的组合分析解释重游意愿的形成机制。

表 7 -4	高重游意愿必要性检验结果	
变量	一致性	覆盖度
旅游健康风险	0.479	0.747
满意度	0.849	0.871
感知价值	0.870	0.819
旅游地形象	0.735	0.945
动机	0.592	0.885
学历	0.559	0.841
年收入	0.679	0.819
性别	0.592	0.748
年龄	0.594	0.790

四、多重组态路径（fsQCA）分析

表 7 - 5 显示了春风村重游者高重游意愿的组合路径结果。通过对旅游

者 4 个人口学变量、动机变量、旅游健康风险变量、满意度变量、感知价值变量、旅游地形象变量的 fsQCA 分析，得到了 13 种旅游者高重游意愿的前因条件组合。根据分析结果，模型 A 的解的一致性为 0.851，模型 B 的解的一致性为 0.967，模型 C 的解的一致性为 0.987，均达到 0.75 的阈值要求（孙佼佼等，2021），所得的旅游者高重游意愿的前因条件组合方案达到令人满意的水平。

表 7 - 5　　　　　　　　预测高重游意愿的前因条件组合

条件组合	原始覆盖率	唯一覆盖率	一致性
模型 A：重游意愿 = f（年龄、性别、年收入、学历）			
A1：性别 * 年收入	0.410	0.184	0.840
A2：年收入 * 学历	0.440	0.214	0.879
解的覆盖度：0.625；解的一致性：0.851			
模型 B：重游意愿 = f（动机、满意度、感知价值、旅游健康风险、旅游地形象）			
B1：感知价值 * ~旅游健康风险 * 满意度 * 动机	0.337	0.077	0.973
B2：感知价值 * 旅游健康风险 * 旅游地形象 * 动机	0.310	0.015	0.949
B3：感知价值 * ~旅游健康风险 * 满意度 * 旅游地形象	0.445	0.011	0.988
B4：感知价值 * 满意度 * 旅游地形象 * 动机	0.516	0.024	0.968
解的覆盖度：0.679；解的一致性：0.967			
模型 C：重游意愿 = f（年龄、性别、年收入、学历、动机、满意度、感知价值、旅游健康风险、旅游地形象）			
C1：~旅游健康风险 * 满意度 * 感知价值 * ~旅游地形象 * ~动机 * 学历 * ~年龄 * ~性别	0.140	0.035	0.992
C2：~旅游健康风险 * 满意度 * 感知价值 * ~旅游地形象 * ~动机 * ~学历 * 年收入 * ~年龄	0.168	0.018	0.990
C3：~旅游健康风险 * ~满意度 * 旅游地形象 * ~动机 * ~学历 * 年收入 * ~年龄 * 性别	0.126	0.008	0.993
C4：~旅游健康风险 * 满意度 * 感知价值 * 旅游地形象 * 动机 * 学历 * ~年收入 * ~性别	0.164	0.061	0.994
C5：~旅游健康风险 * 满意度 * 感知价值 * 旅游地形象 * 动机 * ~学历 * 年收入 * 年龄 * 性别	0.184	0.034	0.995

条件组合	原始覆盖率	唯一覆盖率	一致性
C6：旅游健康风险＊满意度＊感知价值＊~动机＊学历＊年收入＊~年龄＊~性别	0.088	0.006	0.991
C7：旅游健康风险＊满意度＊感知价值＊旅游地形象＊动机＊学历＊年收入＊年龄＊性别	0.129	0.010	0.992
解的覆盖度：0.361；解的一致性：0.987			

注："＊"表示"和"；"~"表示"否"。

模型 A 和模型 C 都涉及人口学变量，共有 9 种高重游意愿路径组合。其中，高年收入与其他前因条件组合产生高重游意愿结果（7 次）要多于低年收入（1 次）发挥的作用，说明高收入旅游者的重游意愿受其他变量的影响较小，应当重视该群体，了解其旅游需求。学历、性别、年龄这三个变量在 9 种组合路径中的呈现方式具有明显的复杂性。

模型 B 和模型 C 都包含满意度、动机、感知价值、旅游地形象、旅游健康风险变量，共有 11 种高重游意愿条件组合。其中，高感知价值这个指标出现在每条高重游意愿的前因条件组合中，表明高感知价值对重游意愿的影响不受其他变量的作用，旅游公共部门和旅游经营者在对旅游地进行打造和经营的过程中应当深入挖掘旅游产品价值，关注旅游者的体验感受。此外，低旅游健康风险与其他前因条件组合产生高重游意愿结果（7次）要多于高风险（3 次）发挥的作用。一方面，从实际情况来看，旅游者对健康风险的意识显著增强。结合 B1、B3、C1~C5 的组态路径中可以看出，旅游者倾向于在旅游健康风险较低的情境中开展旅游活动。另一方面，C6、C7 的组态路径也表现出若旅游地能满足旅游者多方面需求，部分旅游者愿意承担旅游中潜在的健康风险，产生重游意愿。此外，旅游健康风险变量与其他变量的交互作用所形成的各组态路径均体现出"条条大路通罗马"的特点，实证了重游意愿结果发生的多种等效实现路径。在模型 B 和模型 C 的路径组合中，组合 B3（感知价值＊~旅游健康风险＊满意度＊旅游地形象）的一致性最高（0.988），组合 C6（~旅游健康风险＊满意度＊感知价值＊旅游地形象＊动机＊~学历＊年收入＊年龄＊性别）的一致性最高（0.995），再次说明低旅游健康风险对重游意愿的重要作用。

图7-2是分别以A1和B4的高重游意愿的前因条件组合为例的XY分析图。由图7-2可以看出，前因条件组合模型A1或C7（X）与结果条件重游意愿（Y）之间呈非对称关系，即充分不必要关系。这表明表7-5中每个前因条件组合都是相应高重游意愿的充分条件。

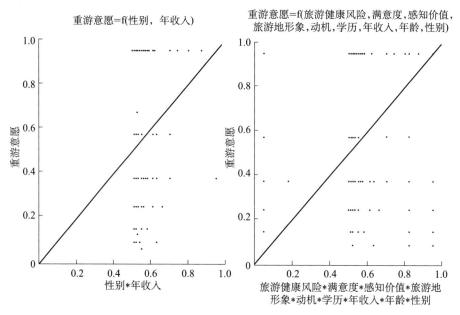

图7-2 模型 A1、B4 的 XY 分析

五、预测效度

为确保所提出的假设旅游者高重游意愿复杂因果模型能在不同数据集中的预测效度，将478个案例均分为两个子样本。首先，利用子样本1进行非对称关系建模和fsQCA分析。其次，利用子样本2分析高重游意愿的前因条件组合。使用子样本1以动机、满意度、感知价值、旅游健康风险、旅游地形象变量作为因果前置条件的高重游意愿预测效度结果见表7-6。其所得到的前因条件组合与表7-5中模型B所得到的结果一致。最后，运用子样本2对子样本1中的D2、D4进行检验。结果如图7-3所示，得到了相似的非对称关系、覆盖度（0.692）、一致性（0.963），证明所提出的高重游意愿假设模型在不同数据集下具备预测结果的能力。

表 7 – 6　　　　　　　　　　预测效度结果

预测高重游意愿模型	原始覆盖率	唯一覆盖率	一致性
D1：感知价值 * ~旅游健康风险 * 满意度 * ~动机	0.346	0.100	0.969
D2：感知价值 * 旅游健康风险 * 旅游地形象 * 动机	0.310	0.008	0.942
D3：感知价值 * ~旅游健康风险 * 满意度 * 旅游地形象	0.423	0.011	0.987
D4：感知价值 * 满意度 * 旅游地形象 * 动机	0.530	0.026	0.964
解的覆盖度：0.692；解的一致性：0.963			

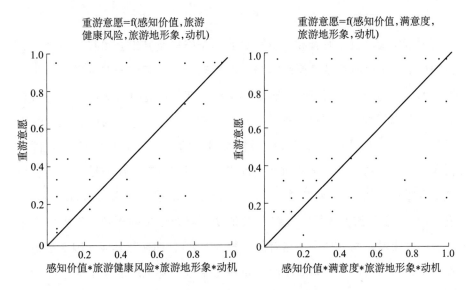

图 7 – 3　模型 D2、D4 的 XY 分析

六、复杂性理论的验证

本章以复杂性理论为基础建立乡村旅游者重游意愿的复杂因果模型，研究结果支持复杂性理论的五大原则。如表 7 – 5 所示，B1 和 B4 的前因条件组合路径中都出现了动机，但它对高重游意愿的影响却是正向和负向的，在 B3 的前因条件组合中却没有出现，这表明动机对预测高重游意愿的作用受其他前因条件的影响，原则一得到支持；一个前因条件组合对识别高得分结果是充分的，模型 A、B、C 符合原则二的要求；模型 A、B、C 的唯一覆盖率分别介于 0.184 ~ 0.214、0.011 ~ 0.077、0.006 ~ 0.061 之间，无任何一组前因条件构成旅游者高重游意愿的充要条件，总是存在其

他条件组合对高重游意愿进行解释，原则三得到支持；无任一单变量能够实现高重游意愿，符合复杂性理论的原则四；表7-5中每一组前因条件组合的覆盖率均小于1，不存在某一组条件组合能够对旅游者高重游意愿的全部个案进行解释，原则五得到支持。

第五节 小 结

本章探索乡村旅游者高重游意愿的影响因素及其组合路径，在理论分析和计量分析已有重游意愿影响因素的基础上，考虑旅游健康风险对旅游者行为产生的影响，通过纳入旅游健康风险变量构建乡村旅游者高重游意愿的复杂因果模型。采用SPSS26.0、Amos20.0对问卷信效度、探索性因子分析、验证性因子分析以及假设模型进行检验；运用fsQCA3.0软件分析乡村旅游者高重游意愿的前因条件组合，研究发现，研究结果支持乡村旅游者重游意愿具有复杂性特点这一论断；在模型B和模型C中（见表7-5），低旅游健康风险变量与其他变量组合出现的次数（7次）多于高旅游健康风险与其他变量组合的次数（3次），即在与其他前因变量组合作用中，低旅游健康风险对于激发乡村旅游者重游意愿的概率大于高旅游健康风险与其他要素组合而引发的概率。

第八章　社区居民参与乡村旅游发展的衔接路径分析

发展乡村旅游离不开农户的智慧，需要依靠农户传承农耕文化、维护旅游产品的乡村性。而调动其参与积极性、创造性，尊重农户发展意愿，把乡村旅游发展的选择权交给农户[①]，是农户有效参与、促进乡村旅游可持续减贫的根本保障（王金伟、张丽艳和王国权，2022）。本章构建农户参与意愿影响因素的评价指标，采用阶层回归分析方法，从农户微观视角明晰其参与意愿的影响因素，以确保乡村旅游产业可持续发展。农户数据均由问卷调查获取，调研人员于 2021 年 7 月 8 日~8 月 7 日对上述地区进行调研。由于农户识字率普遍较低，调研采用由调研人员向农户口述问卷题项并记录其答案的方式进行，确保了问卷有效率 100%。由于调研村外流人口均超过一半，老人留守现象突出，数据收集较为困难，因此，采用逐户走访的抽样方式，共计获得 478 份问卷。

第一节　社区居民参与乡村旅游发展的意愿

在脱贫攻坚时期，乡村旅游作为一种有效减贫手段在全国各地如火如荼地被推广开来，其释放出较大的经济、社会、文化、环境效益，成为助

[①] 中华人民共和国农业农村部. 加快形成农业农村发展新动能大力发展乡村旅游［EB/OL］.（2022 - 07 - 05）［2023 - 01 - 11］. http://www. moa. gov. cn/ztzl/ymksn/rmrbbd/202207/t20220705_6404111. htm.

农增收、推进农村发展的新动能。但在经历了一段时间的井喷式增长后，同质化、低质化、利益分配不均等问题开始显现，阻碍了乡村旅游作为一种产业优势推动乡村振兴目标实现的可能。农户作为参与乡村旅游发展以及乡村振兴的主体，其对旅游发展感知与参与意愿可以让公共部门发现旅游发展中所存在的问题，有利于提升乡村旅游发展质量、助力全面乡村振兴。

20 世纪 90 年代，贵州省率先把发展乡村旅游的方式作为贵州贫困地区摆脱贫困的重要战略，此后，旅游减贫逐渐成为旅游学科领域的重要研究课题。从已有文献来看，国外学者围绕旅游减贫的内涵（Reichel A，Lowengart O and Milman A，2000）、乡村旅游的作用（López-Sanz J M et al.，2021）、旅游发展对当地社区居民的影响（Ribeiro M A et al.，2017）等方面进行研究。我国学者对旅游减贫的研究大多以摆脱绝对贫困为目标，主要聚焦旅游减贫的问题及对策（周歆红，2002）、旅游减贫效应评价（魏宝祥、李雅洁、王耀斌等，2020）、旅游地居民参与度（孙九霞和保继刚，2005）等方面。农户脱贫是乡村旅游发展的核心，但农户的高度参与是实现旅游可持续减贫的重要保障。国内外学者关于农户参与旅游发展的研究内容更多聚焦于旅游减贫效应感知、农户参与差异的影响因素等方面。如在旅游减贫效应感知方面，学界主要从"经济影响与非经济影响"（张伟、张建春和魏鸿雁，2005）的二维框架、"宏观层面"（徐淑红，2020）与"微观层面"（魏宝祥、李雅洁、王耀斌等，2020）的评价尺度、"社会、经济、环境"（李永娇、谢蕊和王艳华，2020）的三维结构等角度对农户旅游减贫成效进行评估。在农户参与差异的影响因素方面，人口学特征（卢冲、耿宝江和庄天慧等，2017）、政府信任程度（贾衍菊、李昂、刘瑞等，2021）、与村干部的亲缘关系（向艺和郑林，2018）、满意度（孙凤芝、欧阳辰姗、胥兴安等，2020）等是影响农户参与差异的重要因素。然而，因农户缺乏物质及社会资本、相对地位较低且对新兴产业较为陌生，导致其往往处于参与旅游发展的边缘，从而降低了农户的乡村旅游参与度。在研究方法上，则由理论分析（孙九霞，2006）演变到定量研究，如结构方程模型（苗银家和周莉莉，2019）、多元线性回归分析（张薇、谢珊珊和曾晓丽，2020）等。

综上所述，学界围绕农户参与乡村旅游发展已做了大量研究，但关于农户参与意愿的现有研究仍停留在脱贫攻坚时期。在摆脱生存贫困后，乡村旅游发展能否进一步满足大部分农户深层次需求还有待检验。此外，不同发展模式的乡村旅游减贫效应是否存在差异、其对农户参与意愿是否存在影响有待进一步分析。鉴于此，将农户参与意愿作为核心关注点，运用计划行为理论和需要层次理论构建农户感知视角下乡村旅游参与意愿评价指标体系，运用线性回归分析方法在控制农户年龄、性别、学历、家庭人口数、家庭年收入的基础上，对四川省 6 个乡村旅游示范村的乡村旅游发展模式减贫效应及参与意愿进行研究，以期为实现乡村旅游可持续发展提供参考。

一、指标选择

（一）经济效应

助农增收是乡村旅游发展的目标所在，也是乡村旅游长期发展的基础。从农户个人层面来看，改善其生活状况是衡量乡村旅游在经济层面减贫成效的重要依据。因此，本章以"乡村旅游能增加您的就业机会""提高了家庭收入""农产品比以前更好卖"作为衡量标准。

（二）社会效应

旅游发展是改善农户生活条件、完善公共产品供给的有效途径，其配套设施的完善程度也是调动农户参与积极性的重要一环。本章选择"促进了地方经济发展""提高了您的生活质量""教育设施得到改善""住房条件得到改善""上学和看病更加方便""带动了其他产业的发展""基础设施（道路、饮水、通电）得到改善"作为评价指标。

（三）环境效应

良好的人居环境是乡村旅游发展的基础，也是人类生存的必备条件。

环境脏、污水乱排等不仅影响农户的生活质量，同时也无法为旅游者提供良好的休憩环境。因此，将"旅游发展带动本村村容村貌得到提升""旅游促进了垃圾及污水处理设施建设"作为评价环境减贫成效的指标。

（四）权利效应

若农户缺少话语权和决策权，则在发展中其往往处于边缘状态，难以保证获益的公平性。确保农户在乡村旅游发展中的主体地位、维护其根本权益，是实现农户增权、调动其参与意愿的关键要素。此外，旅游发展所带来的经济红利已帮助农户摆脱绝对贫困，取而代之是通过旅游发展实现农户自我价值的可能性或将成为农户是否继续参与其中的关键因素。本章选择"参与了乡村旅游的开发与发展规划""接受过政府组织的与旅游有关知识培训""参与了乡村旅游政策制定和决策过程""有渠道发表关于乡村旅游发展的意见""参与了乡村旅游的日常管理工作"作为评价依据。

（五）参与意愿

无论是在脱贫攻坚时期还是乡村振兴阶段，只有农户积极参与其中、充分发挥其主人翁精神，才能真正实现乡村旅游可持续发展。因此，本章以"我愿意参加旅游培训""我愿意经营旅游项目""我愿意接受旅游企业聘用"作为农户参与意愿的评价指标。

以上指标均采用 Likert5 级量表来度量，1 表示非常不同意，5 表示非常同意。

在控制变量的选择上需同时考虑影响农户参与意愿的因素与决定农户参与乡村旅游的因素。研究发现，性别差异导致的感知差别显著影响旅游发展（Mason P and Cheyne J，2000）、男性比女性更愿意参与旅游减贫（卢冲、耿宝江、庄天慧等，2017）、学历较高的农户对旅游发展持积极态度（Nghiêm-Phù B，2016）且参与意愿更强（季文媚和宁尚明，2020）。随着年龄的增长，参与意愿逐渐下降（卢冲、耿宝江、庄天慧等，2017）；孙等（Su et al.，2019）认为，家庭劳动力短缺是其不参与旅游发展的原因之一；有一定资本累积的家庭更能抓住发展机遇，将资金投入到农家乐的经营中（魏宝祥、李雅洁、王耀斌等，2020）。因此，本章选择年龄、性别、家庭年收入、学历、家庭人口数作为 5 个控制变量。

二、实证检验

对各观测变量进行探索性因子分析以检验其设计是否合理。测量项 KMO 值为 0.805、Bartlett 值为 5114.984、p = 0.000，可以进行主成分因子分析。最终分析出由 20 个指标构成的 5 个公因子，其方差贡献率为 64.355%，超过了社会科学研究中要求达到 60% 的一般标准（巨英英，程励，2021）（见表 8 – 1）。

表 8 – 1　　　　　　　　因子分析及信度效度检验

维度	指标	因子载荷	Cronbach's α	CR	AVE
经济效应	乡村旅游能增加您的就业机会	0.839	0.875	0.896	0.6
	提高了家庭收入	0.779			
	农产品比以前更好卖	0.850			
	您有渠道发表关于乡村旅游发展的意见	0.601			
	您参与了乡村旅游的日常管理工作	0.890			
社会效应	促进了地方经济发展	0.859	0.806	0.842	0.577
	带动了其他产业的发展	0.795			
	基础设施（道路、饮水、通电）得到改善	0.543			
	旅游促进了垃圾及污水处理设施建设	0.803			
权利效应	接受过政府组织的与旅游有关知识培训	0.761	0.864	0.832	0.622
	参与了乡村旅游开发与发展规划	0.798			
	参与了乡村旅游政策制定和决策过程	0.808			
治理效应	提高了您的生活质量	0.639	0.741	0.834	0.503
	教育设施得到改善	0.752			
	住房条件得到改善	0.726			
	旅游发展带动本村村容村貌得到提升	0.757			
	上学和看病更加方便	0.666			
参与意愿	我愿意参加旅游培训	0.867	0.704	0.780	0.550
	我愿意经营旅游项目	0.567			
	我愿意接受旅游企业聘用	0.758			

上述因子分析中，5 个维度的 Cronbach's α 系数在 0.704 ~ 0.875，5 个维度的组合信度系数 CR 最小是 0.780，大于 0.7，表明 5 个维度的测量项达到了较好的信度要求。根据国内外相关研究，各观测变量的标准化因子载荷均大于 0.5 以，已达到收敛效度的要求（Bagozzi R P，Yi Y，1988）。由表 8 - 1 可以看出，各观测变量的标准因子载荷最小值为 0.543，大于 0.5，可认为本部分中各观测变量对维度具有较好的收敛效度。

区别效度要求各维度的 AVE 值大于 0.5，且维度 AVE 值的平方根要大于其与其他维度的相关系数（邱玮玮，林业江，2022）。表 8 - 1 与表 8 - 2 显示各 AVE 值的平方根均大于各维度间的相关系数，所以这 5 个维度之间具有较好的收敛效度和区别效度。

表 8 - 2　　　　　　　　各维度相关性、区别效度与共线性诊断

维度	1	2	3	4	5	VIF
1. 经济效应	0.789					1.380
2. 社会效应	0.328 **	0.771				1.345
3. 权利效应	0.338 **	-0.004	0.827			1.835
4. 治理效应	0.298 **	0.404 **	0.268 **	0.714		1.331
5. 参与意愿	0.161 **	-0.109 *	0.753 **	0.180 **	0.802	

注：** 表示 $p < 0.01$、* 表示 $p < 0.05$。

在本回归研究中，DW 值为 1.864，接近 2，表明各个维度的残差之间不存在显著的序列相关（黄翅勤，彭惠军，罗文等，2019）。根据表 8 - 2 可知，回归方程中各个维度的 VIF 值在 1.331 ~ 1.835 之间，小于 10，表明各维度之间不存在显著的共线性，且乡村旅游减贫效应的四个维度与参与意愿显著相关，因此，可以进行回归分析。

第二节　社区居民参与乡村旅游发展的衔接路径

由表 8 - 3 可知，农户对乡村旅游发展所带来的经济效应、权利效应评价较低，而对治理效应、社会效应的认同度较高，在旅游发展过程中未能

较好地体现与农户密切相关的经济和权利效应，导致农户参与意愿（2.80）普遍不高。

表 8 - 3 农户对乡村旅游发展的感知得分

维度	指标	单指标得分	总得分
经济效应	E1 乡村旅游能增加您的就业机会	2.82	2.87
	E2 提高了家庭收入	3.04	
	E3 农产品比以前更好卖	2.86	
	E4 您有渠道发表关于乡村旅游发展的意见	2.86	
	E5 您参与了乡村旅游的日常管理工作	2.77	
社会效应	S1 促进了地方经济发展	3.63	3.66
	S2 带动了其他产业的发展	3.53	
	S3 基础设施（道路、饮水、通电）得到改善	3.82	
	S4 旅游促进了垃圾及污水处理设施建设	3.67	
权利效应	P1 接受过政府组织的与旅游有关知识培训	3.03	2.65
	P2 参与了乡村旅游开发与发展规划	2.16	
	P3 参与了乡村旅游政策制定和决策过程	2.77	
治理效应	G1 提高了您的生活质量	3.54	3.66
	G2 教育设施得到改善	3.44	
	G3 住房条件得到改善	3.80	
	G4 旅游发展带动本村村容村貌得到提升	3.93	
	G5 上学和看病更加方便	3.59	
参与意愿	J1 我愿意参加旅游培训	3.03	2.80
	J2 我愿意经营旅游项目	2.42	
	J3 我愿意接受旅游企业聘用	2.94	

为明晰乡村旅游减贫效应如何影响农户参与意愿，将经济效应（E1~E5）、社会效应（S1~S4）、权利效应（P1~P3）、治理效应（G1~G5）作为自变量，在控制人口统计学特征（年龄、性别、学历、年收入、家庭人口数）的基础上，采用阶层回归分析方法对参与意愿的影响因素进行分析后得到模型 M1~M4，结果如表 8-4 所示。

表 8 - 4 农户参与意愿影响因素分析

因变量	参与意愿				VIF
	M1	M2	M3	M4	
控制变量					
性别	0.053	0.047	0.037	0.037	
年龄	-0.017***	-0.017***	-0.003**	-0.003**	
学历	0.002	0.004	-0.048**	-0.047**	
年收入	0.000	0.000	0.000	0.000	
家庭人口数	-0.009	-0.008	-0.005	-0.007	
自变量					
E1	0.053	0.059	0.037	0.042**	0.723
E2	-0.028	-0.015	-0.012	-0.014	0.736
E3	0.059*	0.059*	0.040*	0.040*	0.750
E4	0.082***	0.071***	0.009	0.006	0.785
E5	0.009	0.007	-0.011	-0.019	0.696
S1		-0.065	-0.027	-0.026	0.797
S2		0.040	0.031	0.028	0.980
S3		-0.024	-0.034	-0.030	0.982
S4		-0.012	0.017	0.018	0.943
P1			0.090*	0.105**	0.664
P2			0.230***	0.211***	0.968
P3			0.122***	0.117***	0.740
G1				0.024	0.984
G2				0.033*	0.935
G3				-0.015	0.990
G4				-0.032	0.962
G5				-0.015	0.983
R^2	0.381	0.388	0.767	0.772	
ΔR^2	0.381	0.007	0.379	0.005	
F	28.724***	20.965***	89.091***	70.114***	
ΔF^2	28.724***	1.352	249.486***	2.070	

注：***表示 p < 0.001，**表示 p < 0.01，*表示 p < 0.05。

根据表 8 - 4 的结果可以看出：将经济效应（E1 ~ E5）作为自变量时，农产品比以前更好卖（E3），您有渠道发表关于乡村旅游发展的意见（E4）对参与意愿有显著的正向影响；当经济效应（E1 ~ E5）、社会效应（S1 ~ S4）、权利效应（P1 ~ P3）共同作为自变量时，M3 表明农产品比以前更好卖（E3）、接受过政府组织的与旅游有关知识培训（P1）、参与了乡村旅游开发与发展规划（P2）、参与了乡村旅游政策制定和决策过程（P3）对参与意愿有显著的正向影响；当所有自变量同时放入 M4 时，乡村旅游能增加您的就业机会（E1）、农产品比以前更好卖（E3）、接受过政府组织的与旅游有关知识培训（P1）、参与了乡村旅游开发与发展规划（P2）、参与了乡村旅游政策制定和决策过程（P3）、教育设施得到改善（G2）对参与意愿能起到显著的正向作用。

乡村旅游发展对农户经济条件的改善、权利的增加有助于提高其参与积极性。这表明，要让农户从内心接受并执行各项好的政策，就要让其享有表达自己意见的渠道，要让农户主动成为参与者，在乡村旅游发展中贡献自己的力量，而不是被动地接受并执行政策。同时，也反映出当生理、安全需求得到满足后（如社会效应），农户主人翁意识和地位提升意识开始增强。农户增权是确保其主体性得到充分发挥的关键要素，也是提高其参与意愿的有效保障。而经济现状的改善则是农户参与旅游发展的主要动力。若乡村旅游发展有利于拓宽农产品销路，增加农户就业机会，则对农户参与意愿将起到正向的促进作用。

第三节 小 结

为调动农户参与意愿、提高乡村旅游发展效率，本章利用对农户调研所获得的一手数据，采用阶层回归分析方法探讨了农户参与乡村旅游减贫的影响因素，并分析其内在原因。研究发现，农户对乡村旅游发展带来的基础设施建改善、生活质量得到提升、促进地方经济等的认同度较高，而对乡村旅游增加农户就业，农户能有效参与乡村旅游的管理、规划等工作的认同度还有待提高。农户参与意愿受经济效应和权利效应的正向影响；治理效应和社会效应虽评价较高，但对提高农户参与意愿未起到统计学意义上的显著作用。

第九章 多元主体协同参与乡村旅游发展的效果评价

党的十八大以来，农民增收问题成为"三农"问题的核心（汪雷，高婕，2022）。政府各部门通过颁布乡村旅游政策促进旅游减贫事业持续发展（ASHLEY C，ROE D，2002），学界也围绕旅游减贫成效展开大量研究。这些研究最初普遍以区域经济增长等宏观指标作为评估标准。但由于旅游漏损、旅游资源丰度、信息不对称等问题的存在，旅游产生的经济效应在不同利益群体之间的分配存在较大差异，贫困农户因物质和社会资本相对比较欠缺，往往处于参与发展的边缘状态，旅游经济效益未必真正让农户获益，反而进一步加大了贫富差距（董培海，2022）。2013 年 4 月，习近平总书记在博后村提出"小康不小康，关键看老乡"①。2018 年 4 月，习近平总书记在海南考察时强调，"因地制宜发展乡村产业，确保成功率和可持续发展，要把群众受益摆在突出位置"②。各部门颁布的乡村旅游政策其成效究竟如何，作为政策实施地和受益主体的农户最有发言权（刘祎，王芳，秦国伟等，2020）。从微观视角评价政府管理有利于确保政策目标不发生偏离，提升农户主体性地位（魏宝祥，李雅洁，王耀斌等，2020）。此外，农户有效参与乡村旅游不仅拓宽其收入来源，也是实现政

---

① 东南网. 习近平同志提出"小康不小康，关键看老乡"［EB/OL］. (2022 – 05 – 17)［2023 – 02 – 04］. https://baijiahao. baidu. com/s? id = 1733031878235609185&wfr = spider&for = pchttps://baijiahao. baidu. com/s? id = 1733031878235609185&wfr = spider&for = pc.

② 党建网微平台. 全面实施乡村振兴战略，习近平提出七个方面要求［EB/OL］. (2021 – 01 – 08)［2023 – 02 – 07］，http://www. dangjian. cn/shouye/dangjianyaowen/202101/t20210107 _ 5907535. shtml.

策目标的根本保障（王金伟、张丽艳和王国权，2022）。因此，本章以农户视角评价乡村旅游减贫中的政府管理成效。具体而言，就是对农户对乡村旅游减贫效应感知和参与意愿进行分析。其原因在于，减贫效应感知体现了农户在乡村旅游发展过程中的实际获得感，而参与意愿强烈与否则影响着乡村旅游产业能否可持续发展。调研人员于 2021 年 7 月 8 日~8 月 7 日对农户进行调研。调研采用由调研人员向农户口述问卷题项并记录其答案的方式进行，确保了问卷有效率 100%。本次调研，宜宾市共获取 190 份问卷，内江市共获取 170 份问卷，巴中市共获取 118 份问卷，共计 478 份问卷。

第一节　指标选择

人的发展是由自身基本可行能力所决定，包括免于疾病和抵抗饥饿、应对风险等基本能力，若人类可行能力被剥夺，则属于贫困范畴（刘硕明，2021）。此后，人类发展指数、人类贫困指数、多维贫困指数先后被提出并应用于贫困测量，但仍未涵盖权利、社会和其他反映个体内生发展能力的指标（魏宝祥、李雅洁、王耀斌等，2020）。虽然我国已全面摆脱绝对贫困，但农村地区仍存在精神贫困、能力贫困等各种形式的贫困（王志章和杨志红，2019）。基于上述问题，本章在已有维度的基础上构建体现农户内生发展能力的减贫指标，以评估乡村旅游对农户减缓相对贫困的作用效果及政府管理成效。

乡村振兴战略是全面消除绝对贫困的重要基础，为我国新时代农村发展指明方向。首先，贫困治理与乡村振兴之间具有时间和程度的递进关系，消除绝对贫困是乡村振兴的先决条件，乡村振兴是农村贫困治理的深化。其次，乡村振兴战略从乡村经济、政治、文化、社会、生态 5 个方面对农村地区进行提升，有利于缩小城乡发展不平衡、促进农村充分发展、促进农户形成长期稳定减贫的内生动力（魏宝祥、李雅洁、王耀斌等，2020）。因此，本章将"产业兴旺""生态宜居""乡风文明""治理有效"

"生活富裕"融入旅游减贫测量体系中。

本章基于相对贫困理论，并结合乡村振兴总要求，对已有相关文献的评价指标进行梳理（刘祎、王芳、秦国伟等，2020），并结合案例地的实际情况，按照科学性、系统性等原则，对部分指标进行修改、完善（魏宝祥、李雅洁、王耀斌等，2020），最终设置 30 个乡村旅游减贫效应测量指标（韩磊、乔花芳、谢双玉等，2019）。由于部分指标为反向陈述，因此，采用反向计分方式，其感知值越低表示减贫效应越好。此外，该问卷还包括农户人口学特征等基本信息，通过询问"您的家庭以前是否从政府领取过生活补贴""您的家庭以前是否被评为贫困户"来判断该农户脱贫前是否为贫困户。

第二节　实证模型构建

一、构建乡村旅游减贫评价结果模型

将与乡村旅游减贫效应有关的各类指标按照不同维度从上至下分解成若干个层次，同一层的减贫效应中的各指标从属于上一层维度或对上一层维度有影响，同时又支配下一层的减贫效应指标或受到下一层减贫效应指标的作用。最上层是目标层；中间可以有一个或几个维度，设为准则层；最下层为方案层，即各维度下的评价指标。

二、乡村旅游减贫效应评价步骤

（一）构建乡村旅游减贫效应评价指标体系判断矩阵

判断矩阵表示针对级别高一层的某元素而言级别低的各因素的相对重要情况。将两个级的指标分设为 i 和 j，相对权重值为 a_{ij}，指标个数为 m，则判断矩阵为（a_{ij}）m×m，然后按照 1~9 标度对 a_{ij} 进行赋值（Jeyacheya J，Hampton M P.，2020）。根据所构建的评价体系，各层次通过两两对比形成判断矩阵。

（二）计算权重

根据判断矩阵结果 A，利用"向量归一化法"计算权重。将矩阵的列向量归一化得到 A^*，再对其每行求和并归一化得到权重 W_{An}，然后将判断矩阵 A 与 W_{An} 相乘得到特征向量 AW_{An}。

（三）一致性检验

先计算最大特征值 λ_{max}，然后计算矩阵的一致性。其中，RI 值通过查表获取。若 $CR < 0.1$，表示判断矩阵 A 具有满意的一致性，得到的权重值具有准确性；否则，需要重新建立判断矩阵，直至达到满意的一致性为止。

$$\lambda_{max} = \frac{1}{n} \left(\frac{AW_{A1}}{W_{A1}} + \frac{AW_{A2}}{W_{A2}} + \cdots + \frac{AW_{An}}{W_{An}} \right) \tag{9.1}$$

$$CI = \frac{\lambda_{max} - n}{n - 1} \tag{9.2}$$

$$CR = \frac{CI}{RI} \tag{9.3}$$

同理，计算每个一级指标下各二级指标的权重 W_{nj}。

（四）构造各二级指标的评价矩阵 R_{nj}

将案例地农户作为调查对象，对乡村旅游减贫效应的二级评价指标采用 Likert5 级量表形式，将评价集论域设为 V = ｛非常不同意、不同意、一般、同意、非常同意｝5 个等级，为规避评价集因极端最大值和最小值所造成的误差，取评价集中位数（朱佳玮、孙文章和岳秀峰，2021），即 V = ｛0.5、1.5、2.5、3.5、4.5｝。首先，将评价结果构成频数统计表并归一化，得到各二级指标的评价矩阵 R_{nj}；其次，将评价矩阵 R_{nj} 与其对应的二级指标权重相乘得到二级指标评价向量；再次，将二级指标评价向量与评价集 V 相乘，得到各一级指标评价结果 A_n；最后，计算乡村旅游减贫效应的最终得分 F，并根据 Likert5 级计分和评价集模糊综合矩阵隶属度最大原则得出减贫等级。

第三节 样本描述性统计分析

样本特征如表 9 – 1 所示，从年龄结构来看，宜宾市、内江市、巴中市 30 岁及以下人群分别占各市调查总人数的 3.68%、0.59%、8.47%，青壮年外流情况严重；农户受教育程度普遍偏低，这也是因缺乏人才而致贫的原因之一。从收入来看，发展乡村旅游后，家庭年收入均较发展前有大幅度提升，但并不能据此判定收入增加均来自旅游业。从旅游年收入占家庭年收入的比重可以看出，发展乡村旅游能对农户增收产生部分效果，其原因可能是由于农户家庭物质资本、社会资源等不同而导致减贫成效存在差异。

表 9 – 1　　　　　　　　　　样本描述性统计结果

指标		宜宾市	内江市	巴中市
性别	男	47.4%	64.1%	46.6%
	女	52.6%	35.9%	53.4%
年龄	≤30 岁	7 户	1 户	10 户
	31 ~ 40 岁	23 户	9 户	18 户
	41 ~ 50 岁	40 户	24 户	27 户
	51 ~ 60 岁	80 户	34 户	33 户
	>60 岁	40 户	102 户	30 户
学历	小学及以下	131 户	148 户	100 户
	初中及以上	59 户	22 户	18 户
家庭人数	1 ~ 3 人	55 户	68 户	32 户
	4 ~ 7 人	127 户	99 户	83 户
	8 人及以上	8 户	3 户	3 户
发展乡村旅游前家庭年收入（中位数）（元）		69 000	15 250	40 000
发展乡村旅游后家庭年收入（中位数）（元）		80 000	64 710	50 000

指标	宜宾市	内江市	巴中市
贫困户（户）	10	47	20
乡村旅游参与户（户）	114	131	70
贫困户参与率（%）	40.00	69.1	7.14
旅游年收入与家庭年收入的占比（中位数）（%）	22.30	10.82	20
贫困户旅游年收入（中位数）（元）	27 400	9 100	10 000

第四节　农户对乡村旅游减贫效应的感知差异

数据分析采用 SPSS26.0 及 Excel 软件。首先，对问卷进行探索性因子分析，以便使指标构建更加合理；其次，对问卷进行信效度检验，确保调研结果的可靠性；最后，对比分析 3 种模式下农户的减贫感知及其对减缓相对贫困贡献率的差异。

一、探索性因子分析

基于 478 份问卷，运用 SPSS26.0 软件对乡村旅游减贫效应感知指标进行探索性因子分析。选用最大方差正交旋转法，保留特征根大于 1 的因子，同时将因子对应的指标数少于 2 等标准作为删除指标的依据提取公因子。经过几轮萃取，删减了 7 个原始指标，并对剩余指标进行重新分析。

23 个指标调查数据的 KMO 值为 0.783、Bartlett's 值为 5 040.533、$p = 0.000$，说明适合做因子分析。最终分析出由 23 个指标构成的 8 个公因子，其累计方差贡献率为 74.21%，能较好地反映原始指标的绝大部分信息，可以进行下一步分析。根据相应指标测度的内容，对公因子进行命名（见表9-2）。

表9-2　　　　　　　　农户对减贫效应因子分析结果及权重

目标层	准则层	方案层	权重
乡村旅游减贫效应	产业兴旺 0.157	游客在本村停留的时间越来越长 C1	0.250
		游客在本村花的钱越来越多 C2	0.500
		越来越多的村民参与乡村旅游发展 C3	0.250
	生活富裕 0.157	乡村旅游能增加您的就业机会 C4	0.424
		提高了家庭收入 C5	0.227
		收入渠道更加丰富 C6	0.227
		农产品比以前好卖了 C7	0.122
	乡风文明 0.157	促进邻里和谐 C8	0.163
		促进家庭和谐 C9	0.297
		素质得到提高 C10	0.540
	治理有效 0.157	上学、看病更加方便 C11	0.333
		促进社会保障水平的提升 C12	0.667
	生态宜居 0.083	旅游改善了本村的卫生条件 C13	0.333
		旅游发展提高了环境保护意识 C14	0.667
	关联效应 0.157	来本村的游客越来越多 C15	0.141
		促进了地方经济发展 C16	0.141
		带动了其他产业的发展 C17	0.455
		旅游促进了垃圾、污水处理设施建设 C18	0.263
	消极效应 0.083	乡村旅游导致环境卫生恶化 C19	0.311
		旅游导致噪声增多 C20	0.493
		旅游导致交通拥堵 C21	0.196
	能力提升 0.049	接受过政府组织的旅游知识培训 C22	0.667
		旅游服务技能得到提升 C23	0.333

信度是指量表测量结果的可靠性，常用 Cronbach's α 系数表示。若α > 0.7，则信度高；若 0.35 < α ≤ 0.7，表示信度在可接受范围；若 α ≤ 0.35，则信度低，不被接受（刘祎，王芳，秦国伟等，2020）。本量表结果 Cronbach's α = 0.817，表明研究结果具有可靠性。

二、产业兴旺效应感知

对产业兴旺维度的样本观测值进行方差检验得到 F 值为 19.817、p = 0.000，说明其在 1% 的显著水平下显著，即案例地对"产业兴旺"维度的感知值存在显著差异。从综合效应感知值上看，其得分均较低，宜宾市得分最高（2.16），内江市次之（2.14），巴中市得分最低（1.75），如表 9 – 3 所示。表明将乡村旅游作为助农增收的产业方式其经济效益还有待提高。从单指标感知值上看，"越来越多的村民参与乡村旅游"的认同度不高，其原因可能是城市能为青年农户提供多样化的工作及更多的发展机会，使其不局限于农作物种植；同时，城市公共产品更加完善，使其能享有较好的教育、医疗等服务，导致此项得分均较低。此外，因大部分旅游者来自本市，过夜游较少，旅游产品层次较低且参与度不强，以及部分旅游者习惯于自带干粮，较少在旅游地消费，导致"游客在本村花的钱越来越多""游客在本村停留时间越来越长"得分也较低。

表 9 – 3　　　　　　　　不同发展模式下产业兴旺效应感知

区域	指标	单指标感知值	综合效应感知值
宜宾市	游客在本村停留时间越来越长	2.19	2.16
	游客在本村花的钱越来越多	2.38	
	越来越多的村民参与乡村旅游发展	1.90	
内江市	游客在本村停留时间越来越长	2.20	2.14
	游客在本村花的钱越来越多	2.15	
	越来越多的村民参与乡村旅游发展	2.08	
巴中市	游客在本村停留时间越来越长	1.66	1.75
	游客在本村花的钱越来越多	1.74	
	越来越多的村民参与乡村旅游发展	1.77	

三、生活富裕效应感知

对生活富裕维度的样本观测值进行方差检验得到 F 值为 46.21、p = 0.000，说明其在 1% 的显著水平下显著，即各区域生活富裕感知值存在显著差异。从综合效应感知值看，内江市得分最高（2.63），巴中市得分最低（1.93），如表9-4所示。

表9-4 不同发展模式下生活富裕的效应感知

区域	指标	单指标感知值	综合效应感知值
宜宾市	乡村旅游能增加您的就业机会	2.53	2.59
	提高了家庭收入	2.71	
	收入渠道更丰富	2.60	
	农产品比以前更好卖了	2.56	
内江市	乡村旅游能增加您的就业机会	2.38	2.63
	提高了家庭收入	2.82	
	收入渠道更丰富	3.00	
	农产品比以前更好卖了	2.49	
巴中市	乡村旅游能增加您的就业机会	1.92	1.93
	提高了家庭收入	1.94	
	收入渠道更丰富	1.97	
	农产品比以前更好卖了	1.85	

理论上，由于景区能够吸引大量游客，因此需要较多工作人员为其提供服务，这就为农户在景区就业提供机会。然而，巴中市乡村旅游发展中农户感知"乡村旅游能增加您的就业机会"得分最低（1.92）。据调查，光雾山景区存在工资低且淡季不雇工的情况，这就导致农户普遍选择外出就业。此外，受突发事件等影响，景区游客骤减，进而"农产品比以前更好卖了"得分也最低（1.85）。

四、乡风文明效应感知

对乡风文明的样本观测值进行方差检验得到 F 值为 2.747、p = 0.05，说明其在5%的显著水平下显著，即宜宾市、内江市、巴中市乡村旅游发展在乡风文明维度的感知值存在显著差异。此维度下各区域综合效应感知值均较高，说明当地农户认可旅游发展促进其素质及邻里关系提升，如表9-5所示。

表9－5 不同发展模式下乡风文明的效应感知

区域	指标	单指标感知值	综合效应感知值
宜宾市	促进邻里和谐	3.48	3.41
	促进家庭和谐	3.39	
	素质得到提高	3.40	
内江市	促进邻里和谐	3.08	3.12
	促进家庭和睦	3.06	
	素质得到提高	3.16	
巴中市	促进邻里和谐	2.98	3.08
	促进家庭和谐	3.25	
	素质得到提高	3.02	

五、治理有效效应感知

对治理有效的样本观测值进行方差检验得到 F 值为 43.887、p = 0.000，说明其在 1% 的显著水平下显著，即案例地农户对乡村旅游发展所带来的"治理有效"感知值存在显著差异。总体来看，宜宾市、内江市重视培养当地农户的自我发展能力、注重协调发展，教育、医疗等公共资源落实到位，巴中市在农户内生动力培养方面还有待加强，如表 9－6 所示。

表9－6 不同发展模式下治理有效的效应感知

区域	指标	单指标感知值	综合效应感知值
宜宾市	上学、看病更加方便	3.18	3.32
	促进社会保障水平的提升	3.40	
内江市	上学、看病更加方便	2.62	3.03
	促进社会保障水平的提升	3.23	
巴中市	上学、看病更加方便	2.68	2.86
	促进社会保障水平的提升	2.95	

六、消极效应感知

对消极效应的样本观测值进行方差检验得到 F 值为 26.465、p =

0.000，说明其在1%的显著水平下显著，即案例地农户对乡村旅游发展所带来的消极效应感知存在显著差异。从综合效应感知值看，内江市得分最高（1.79），巴中市次之（1.54），宜宾市得分最低（1.49）。这说明内江市乡村旅游发展虽然获得了经济效益，但不可避免地也要承受旅游发展所带来的环境恶化、交通拥堵等负效应。其主要原因是，每逢周末节假日，乡村旅游已成为旅游者选择的热门地点，而客流量骤增会导致道路交通拥挤、卫生环境变差，进而引发农户对此认同度较高，如表9-7所示。

表9-7 不同发展模式下消极效应感知

模式	指标	单指标感知值	综合效应感知值
宜宾市	乡村旅游导致环境卫生恶化	1.49	1.49
	旅游导致噪声增多	1.49	
	旅游导致交通拥堵	1.51	
内江市	乡村旅游导致环境卫生恶化	1.80	1.79
	旅游导致噪声增多	1.76	
	旅游导致交通拥堵	1.82	
巴中市	乡村旅游导致环境卫生恶化	1.70	1.54
	旅游导致噪声增多	1.47	
	旅游导致交通拥堵	1.47	

七、能力提升效应感知

对能力提升的样本观测值进行方差检验得到 F 值为 155.022、p = 0.000，说明其在1%的显著水平下显著，即案例地农户对乡村旅游发展所带来的"能力提升"感知存在显著差异。表9-8 显示，农户对"接受过政府开展旅游方面的培训"及"旅游服务能力得到提升"的认可度普遍较低。其原因在于，各村主要对60岁以下的农户开展旅游培训，而案例地中青年外流严重，因此，接受过培训的农户有限，进而导致感知值较低。此外，村内部分中青年不愿意参与到旅游发展中，更倾向于在镇上或市里以打零工的方式谋生。因此，这三市此维度得分较低。

　　　　　　　　不同发展模式下能力提升效应感知

区域	指标	单指标感知值	综合效应感知值
宜宾市	接受过政府组织的旅游知识培训	2.70	2.68
	旅游服务技能得到提升	2.65	
内江市	接受过政府组织的旅游知识培训	2.23	2.17
	旅游服务技能得到提升	2.06	
巴中市	接受过政府组织的旅游知识培训	2.98	2.85
	旅游服务技能得到提升	2.64	

八、生态宜居效应感知

对生态宜居的样本观测值进行方差检验得到 F 值为 20.701、$p = 0.000$，说明其在 1% 的显著水平下显著，即案例地农户对"生态宜居"感知存在显著差异。三市不论是"旅游改善了本村的卫生条件"还是"旅游提高了环境保护意识"都得到村民们的较高认同，表明乡村旅游发展能有效改善人居环境（见表 9 - 9）。

表 9 - 9　　　　　　　　不同发展模式生态宜居效应感知

区域	指标	单指标感知值	综合效应感知值
宜宾市	旅游改善了本村的卫生条件	3.52	3.52
	旅游发展提高了环境保护意识	3.52	
内江市	旅游改善了本村的卫生条件	3.35	3.33
	旅游发展提高了环境保护意识	3.34	
巴中市	旅游改善了本村的卫生条件	3.26	3.42
	旅游发展提高了环境保护意识	3.50	

九、关联效应感知

对关联效应的样本观测值进行方差检验得到 F 值为 19.817、$p = 0.000$，说明其在 1% 的显著水平下显著，即宜宾市、内江市、巴中市案例地农户对乡村旅游发展所带来的"关联效应"感知存在显著差异。宜宾市得分最高，尤其是在"促进了地方经济发展""旅游促进了垃圾、污水处理设施建设"方面。其原因在于，通过发展产业种植不仅为农户提供了多种收入渠道，地方经济也得到提升；地方政府将财政收入进行再分配并投入到旅游发展所需的基础设施建设当中，正向影响游客满意度；此外，果蔬采摘等农事活动增加了游客参与度、体验感，而较高的参与度及满意度导致游客量增加，从而形成循环经济（见表 9 – 10）。

表 9 – 10　　　　　　　不同发展模式下关联效应感知

区域	指标	单指标感知值	综合效应感知值
宜宾市	来本村的游客越来越多	3.17	3.37
	促进了地方经济发展	3.51	
	带动了其他产业的发展	3.29	
	旅游促进了垃圾、污水处理设施建设	3.53	
内江市	来本村的游客越来越多	3.29	3.19
	促进了地方经济发展	2.48	
	带动了其他产业的发展	3.29	
	旅游促进了垃圾、污水处理设施建设	3.34	
巴中市	来本村的游客越来越多	2.14	2.21
	促进了地方经济发展	2.19	
	带动了其他产业的发展	2.23	
	旅游促进了垃圾、污水处理设施建设	2.27	

十、乡村旅游总体减贫效应

基于农户主观感知得出宜宾市乡村旅游总体减贫效应值为 2.93、内江市值为 2.62、巴中市值为 2.50。根据评价集模糊综合矩阵隶属度最大原则（易慧玲和黄渊基，2019），减贫等级评价中落在"一般"这一等级的数值最大，因此，四川省乡村旅游减贫总体处于一般水平。

第五节　乡村旅游的减贫贡献率

为对比从单一经济层面评估减贫成效与微观农户感知视角的研究结果

是否存在差异，本章借鉴已有文献划定的相对贫困线标准（李莹、于学霆和李帆，2021），将 2020 年四川省农村居民人均可支配收入中位数的 50.00%（7964.50 元）作为参照标准，从宏观层面评估 3 种模式人均旅游年收入对减缓相对贫困的贡献率。需说明的是，从 2013 年起，国家以居民人均可支配收入取代居民人均收入。因此，本章将两者视为一致（李晶晶、刘文明和郭庆海，2021）。

结果显示（见表 9 – 11），宜宾市对减缓相对贫困的贡献率最高（68.80%），巴中市次之（31.39%），内江市贡献率最低（28.56%）。单一经济层面与农户感知下的乡村旅游减贫成效之间存在差异的原因在于，总体上巴中市参与户较少，而且贫困户参与率更低。较少的竞争以及非贫困户拥有较好的物质及社会资本，其以农家乐经营、交通运输等方式参与到旅游业中，导致旅游发展所带来的经济效益集中体现在此类农户上，由此呈现出巴中市乡村旅游对缩小相对贫困的效果优于内江市，但事实上其掩盖了农户的实际获得感，这一结论也与周歆红的研究结果保持一致（周歆红，2002）。

表 9 – 11 乡村旅游减贫效应对比分析

地区	家庭人口（人）	旅游年收入（元）	人均旅游年收入（元）	农村相对贫困线（元）	贡献率（%）
宜宾市	5	27 400	5 480	7 964.5	68.80
内江市	4	9 100	2 275	7 964.5	28.56
巴中市	4	10 000	2 500	7 964.5	31.39

注：家庭人口、旅游年收入、人均旅游年收入均为中位数。

第六节 小 结

为检验乡村旅游发展过程中农户的实际减贫效应以及评估政府各部门在乡村旅游减贫事业中的实际工作成效，本章基于农户视角进行研究，利用对农户调研所获得的一手数据，运用层次分析法、模糊综合评价法测算了农户对于乡村旅游减贫的实际感知和政府管理评价。研究发现，农户对乡村旅游发展带来的环境改善、个人素质提高、邻里和家庭关系更加和谐、生活条件改善的认同度较高，而乡村旅游所带来的经济成效还有待进一步提升，如游客在本村停留时间越来越长、花的钱越来越多、家庭收入等方面的评价相对较低，以及农户对于知识和技能提升方面的认同度也较低。

第十章　多元主体协同参与乡村旅游发展的问题分析

明析四川省乡村旅游减贫中所存在的问题是解决农户在乡村旅游减贫中能否有效参与并获益的重要保障，决定着乡村旅游发展成果是否真正到达农户以及乡村旅游业能否可持续发展，是决定乡村旅游减贫成败的重要一环。本部分将从两个层面对比分析四川省乡村旅游减贫中所存在的问题，即从政府层面与微观层面进行对比分析四川省各部门在推进乡村旅游减贫事业中现存的不足。

第一节　存在的问题

一、政策分布不均，部门合作意识不强

从表 10 - 1 可以看出，四川省、宜宾市、内江市、巴中市各部门在 2016 ~ 2020 年发布的乡村旅游政策文件居多，而 2011 ~ 2015 年与乡村旅游减贫有关的政策文本较少。

表 10 - 1　　　　　　　　　　政策数量分布

年份	四川省	宜宾市	内江市	巴中市
2011 ~ 2015	22	3	0	5
2016 ~ 2020	64	11	5	22
2021 ~ 2022	28	2	2	9
联合发文	22	0	3	0

从各级公共部门联合发文数量可以看出，各部门间的合作意识不强，联合发文数量较少。这就可能导致不同公共部门制定相同或相似的公共政策，造成公共资源浪费，降低了乡村旅游发展效率和提高了发展成本；与此同时，还存在着权责不明、争功诿过的可能。

二、政策工具使用频率有待调整

表10-2直观展示了四川省、宜宾市、内江市、巴中市乡村旅游政策工具的分布情况。从 X 轴可以发现，四川省和宜宾市、内江市、巴中市的政策文件类型主要倾向于供给型政策工具，从基础设施、资金保障、技术支持等方面为农村地区乡村旅游发展奠定良好的前提条件与支持，同时也间接改善了当地人居环境和提高了农户出行的便捷度。而环境型政策工具使用频率占比较低。其中，税收优惠、目标确定、金融服务这类能减少农户资金压力的政策工具占比还有待提高。由于农户参与乡村旅游往往是以农家乐经营者、民宿经营者等个体经营的方式参与其中，其前期需要投入大量资金成本，而贫困农户囿于自身物质资源薄弱，往往处于参与发展的边缘，乡村旅游政策未能较好地调动农户的参与积极性，而经济基础较好的农户则进一步参与到旅游发展中并获得发展带来的经济效益，导致旅游经济流向了村内经济基础较好的农户家庭，使农户之间的贫富差距扩大，相对贫困特征开始显现。此外，需求型政策工具的使用比例均普遍更低。市场塑造、政府服务外包、政府购买在此类工具中使用频率不足。公共部门未能借助竞争手段发挥市场和社会力量的优势作用将各类资源进行优化配置，对此类工具的使用不足弱化了政策的引导作用（余守文和肖乐乐，2018）。

表 10-2 宏观层面与中观层面的对比分析 单位:%

地区	X 轴			Y 轴			
	供给型	环境型	需求型	解决温饱	产业兴旺	人才培养	资源整合
四川省	65.32	28.53	6.15	4.84	50.81	16.03	28.23
宜宾市	80.36	18.30	1.34	0.89	60.70	8.93	29.48
内江市	62.83	31.86	5.31	1.77	35.40	10.62	52.21
巴中市	72.14	25.00	2.86	2.14	37.62	17.38	42.86

三、乡村人才培养亟待加强

从表 10 - 2 乡村旅游发展目标来看（Y 轴），乡村旅游发展目标已逐步从解决温饱向乡村振兴、培养农户内生发展动力、乡村旅游高质量发展转变。而当前乡村旅游发展的核心目标主要是实现农村地区乡村产业振兴，导致旅游政策中以产业兴旺为目标的占比均最高。而在人才培养方面的公共政策投入力度还有待提升，现阶段我国农村地区老龄化、空心化严重，中青年在外工作，导致农村地区人才流失较为严重，培养乡村本土人才的任务严峻。现有政策对农村地区人才培养的关注度相对不足，而人才是各地区高质量发展的关键，加大乡村人才培养力度有利于实现农村地区可持续减贫以及乡村旅游可持续发展。各公共部门还应从各个角度加大政策扶持力度，吸引在外务工的农户回流迁移，有助于培养乡村人才。

四、乡村旅游减贫成效有待进一步提升

从农户微观感知视角，四川省乡村旅游总体减贫处于一般水平。虽然农户普遍对"素质得到提高""促进社会保障水平的提升""旅游改善了本村的卫生条件"等认可度较高，但在"游客在本村停留时间越来越长""游客在本村花的钱越来越多""越来越多的村民参与乡村旅游发展""乡村旅游能增加您的就业机会""提高了家庭收入"等方面的认同度较低。各级政府部门广泛出台相应乡村旅游政策文件，加大对农村地区基础设施、道路、交通、环境以及设备设施全方位的提升，但在打造差异化旅游产品、提高旅游者重游率等方面涉及较少。

五、农户参与意愿不强

根据表 8 - 4 可知，"经济效应""权利效应"显著正向影响农户参与乡村旅游发展意愿，但在农户感知视角下，乡村旅游发展对其经济方面的改善以及农户主体性作用未能较好体现。从宏观层面的政策文本分析中发现，各级公共部门明确将贫困农户作为乡村旅游最主要的参与主体，并提供税收减免、金融服务等措施帮助其减缓经济压力，但农户对"经济效

应"的感知却较低。"权利效应"也显著影响农户参与意愿，这表明农户不仅仅关注乡村旅游对其物质层面的影响，同时也关注其自身主体性地位是否得到有效保障。而与"权利效应"有关的农户增权，农户参与乡村旅游政策制定和决策过程、参与乡村旅游开发与发展规划等在各级政策文本中出现次数较少。

六、较高的重游率并未提高旅游消费

旅游者第三次及以上到春风村开展旅游活动的比例为 79.90%，单次消费金额在 100 元及以下占 83.50%（见表 7 - 1），重游率较高而旅游消费较低。从宏观层面的政策文本分析中发现，各级公共部门缺乏将乡村旅游者作为旅游参与主体纳入到乡村旅游发展规划中，更多的是明确将贫困农户作为乡村旅游最主要的参与主体，并提供税收减免、金融服务等措施帮助其减缓经济压力，但农户对"经济效应"的感知却较低。

第二节　原因分析

一、乡村旅游政策滞后于发展实践

前期部分贫困地区通过发展乡村旅游所取得的显著减贫成效使我国在国民经济和社会发展第十三个五年规划时期（2016～2020 年）加大了对乡村旅游关注的政策力度，如国家在《"十三五"脱贫攻坚规划》[①]《中共中央 国务院关于打赢脱贫攻坚战的决定》[②]《乡村旅游扶贫工程行动方案》[③]

---

① 中华人民共和国中央人民政府. 国务院印发《"十三五"脱贫攻坚规划》[R/OL]. (2016 - 12 - 02)[2023 - 01 - 26]. http://www.gov.cn/xinwen/2016 - 12/02/content_5142245. htm.

② 中华人民共和国自然资源部. 中共中央 国务院关于打赢脱贫攻坚战的决定[R/OL]. (2020 - 04 - 21)[2023 - 01 - 23]. https://www.mnr.gov.cn/zt/zh/zrzyfpzltpgj/xyfp/202004/t20200421_2509263. html.

③ 中华人民共和国中央人民政府. 12 部门共同制定《乡村旅游扶贫工程行动方案》[R/OL]. (2016 - 08 - 18)[2023 - 02 - 23]. http://www.gov.cn/xinwen/2016 - 08/18/content_5100433. htm.

《关于支持深度贫困地区旅游扶贫行动方案》① 中均鼓励贫困地区发展乡村旅游以摆脱贫困。其中，《乡村旅游扶贫工程行动方案》中提出，"十三五"期间力争通过发展乡村旅游带动全国 747 万贫困人口实现脱贫致富②。"2016 年，李克强总理在首届世界旅游发展大会上强调："中国政府已提出一个目标，即未来 5 年内通过发展旅游业使 1200 万人口脱贫"③。加之"十三五"期间是我国实现全面建成小康社会决胜阶段，各级政府部门为贯彻落实中央层面的发展目标与方向，通过广泛发展乡村旅游推进我国减贫事业的发展。因此，乡村旅游政策普遍集中于 2016～2020 年之间。我国乡村旅游产业的发展主要依赖于各级政府不断推进，相关部门主要负责贯彻落实政府相关发展目标，导致乡村旅游政策的制定与颁布未能较好地发挥各部门之间的优势。

二、推动乡村旅游发展的策略手段较为单一

由于我国农村地区虽然具备发展乡村旅游的自然和人文资源，但其可进入性较差。政府为推动乡村旅游产业发展，主要通过供给型政策工具，如基础设施建设、技术支持、资金保障等加大对农村地区发展乡村旅游的投入力度，为旅游产业的发展奠定良好的前提条件，导致分析结果呈现出供给型政策工具占比最高。环境型政策工具使用频率较低是由于政府部门主要通过供给型政策工具中的资金供给为农村地区提供了资金来源，导致金融扶持手段的工具类型使用频率较低。而需求型政策工具严重匮乏在于我国乡村旅游主要是由政府推动，为依托乡村旅游发展助力农户减贫，无论是在资金、人员配备、发展规划及目标等方面都由政府直接发挥作用，较少借助市场力量推动乡村旅游发展。这既体现出乡村旅游在推动我国农

---

① 中华人民共和国中央人民政府. 国家旅游局、国务院扶贫办印发《关于支持深度贫困地区旅游扶贫行动方案》[R/OL]. (2018 – 01 – 19)[2022 – 12 – 23]. http://www. gov. cn/xinwen/2018 – 01/19/content_5258471. htm.

② 中华人民共和国中央人民政府. 12 部门共同制定《乡村旅游扶贫工程行动方案》[R/OL]. (2016 – 08 – 18)[2023 – 02 – 23]. http://www. gov. cn/xinwen/2016 – 08/18/content_5100433. htm.

③ 中华人民共和国中央人民政府. 李克强：让旅游成为世界和平发展之舟[R/OL]. (2016 – 05 – 19)[2023 – 01 – 23]. http://www. gov. cn/xinwen/2016 – 05/19/content_5074835. htm.

村减贫事业中的重要性，也体现出政府直接对乡村旅游产业进行全方面管理。

三、乡村人才培养比较滞后

根据表 10-2 可以发现，现阶段农村地区的主要目标是实现乡村振兴，各地区主要围绕推动乡村旅游延长农村地区产业链等方面出台相关政策，导致对人才培养的关注度较低。而乡村人才是乡村振兴的主力军，农村地区囿于经济发展相对落后、产业链较为单一以及对留住乡村人才、培养乡村人才的投入力度较低，在外务工成为中青年大多选择的就业方式。纵然乡村旅游能实现农村地区产业兴旺这一目标，但任何地区的发展都需要人才作为支撑与保障。通过资金扶持、各项优惠政策等方式加大对乡村人才培养的投入力度，有助于实现农户回流迁移、壮大农村地区发展力量。

四、乡村旅游品牌建设不足

农村地区拥有不同于城镇的人文资源和农耕文化，具备了发展乡村旅游的前提条件。但乡村旅游发展至今主要是通过农户利用自家房屋开办农家乐、民宿等方式参与到乡村旅游当中，导致在推进农村地区乡村旅游减贫事业的过程当中出现乡村旅游产品同质化现象严重、旅游目的地可替代性强等负面效应，没有形成能招揽旅游者的差异化项目，进而影响乡村旅游者的重游意愿，最终导致旅游目的地农户的旅游经济收益受到影响。

五、农户主体性地位未得到充分体现

农村地区发展乡村旅游的首要目标就是助农减贫。因此，农户既是乡村旅游发展的主力军，也是最大受益者。但研究发现，农户囿于物质和社会资本等方面较为薄弱，往往处于参与发展的边缘，乡村旅游政策未能有效确保农户参与发展的权利，导致农户主体性作用尚未得到较好发挥，致使旅游发展所带来的经济效益被相对富裕的农户以及外来旅游企业所获得，旅游发展的目标产生了偏离，进一步影响了农户的参与意愿。虽然农户对乡村旅游发展所带来的环境提升、基础设施改善等方面认同度较高，但经济效应、权利效应方面还有待提升，以进一步提高农户参与意愿。

六、旅游产品的供给不足以及旅游者实际消费能力有限

乡村旅游者既是旅游产业的推动者，也是旅游活动的受益者。研究发现，在 478 位接受问卷调查的旅游者中，第三次及以上到春风村开展旅游活动的旅游者占样本总体的 79.90%，但较高的重游率并未有效刺激旅游消费。研究显示，单次总消费水平在 100 元以下的旅游者占样本总量的 83.5%。其原因在于，绝大多数旅游者都来自春风村及其附近居民，由于缺乏能让旅游者长时间停留的旅游产品，导致旅游地往往不能进一步刺激旅游者进行旅游消费。此外，由于案例地旅游者的年收入在 5 万元以下的占比普遍较高（65.70%），导致其存在即使开展旅游活动也未必在旅游地进行消费的可能。

第三节　小　结

根据前述分析结果，本章对乡村旅游减贫中政府管理所存在的问题及其原因进行分析。研究发现，各部门间的合作意识不强，联合发文数量较少；供给型政策工具使用频率偏多；乡村旅游政策文件中更多的是通过旅游发展实现农村地区产业兴旺，而对人才培养、资源整合的关注度不足。农户对乡村旅游发展带来的素质提高、生活环境改善等认同度较高，而对旅游带来的经济效应、旅游发展过程中其主体性地位得到有效保障的认同度较低。以上问题产生的原因可能是乡村旅游政策滞后于发展实践，推动乡村旅游发展的策略手段单一化，现阶段乡村旅游发展目标的驱动、乡村旅游品牌建设不足以及农户主体性地位未得到有效保障等。

第十一章　多元主体协同参与乡村旅游发展的实现路径

本书在综述国内外乡村旅游相关理论基础上，运用旅游乘数和漏损理论、扎根理论，采用质性分析方法从宏观层面剖析四川省为推进乡村旅游减贫事业的发展所颁布的政策文件，以把握乡村旅游减贫中政府管理的策略、手段、措施、目标等；并基于农户微观感知视角，对四川省478户农户进行实地调研，采用模糊层次综合评价法、阶层回归分析方法分析乡村旅游减贫中政府管理的实际成效。在此基础上，将政府宏观层面的发展目标与农户微观感知视角下的政府管理成效进行对比，以明晰现行四川省乡村旅游减贫中政府管理所存在的不足。在此基础上，提出以下促进多元主体参与乡村旅游发展的协同路径。

第一节　实现路径

一、优化政策工具结构布局，促进乡村旅游可持续减贫

（一）科学评估乡村旅游发展现状

乡村旅游减贫事业的可持续发展离不开供给型、环境型、需求型政策工具的相互配合，科学评估各地区乡村旅游发展现状是有效发挥各类政策工具的重要前提。各级公共部门在出台旅游发展的相关政策文件前，应深入乡村进行实地调研，了解各地区旅游资源丰富度、农户参与意愿及其对

乡村旅游发展的建议等。在此基础上，结合公共部门的乡村旅游发展目标与农户实际需要，从整体角度出发，系统考量各项政策工具在政策文件中的作用方式、强度、优势，以强化政策工具的协调性，进而促进各类政策工具有效利用、各类资源的优势互补，以减少各类资源的浪费、提高乡村旅游发展效率。

（二）合理分配各类政策工具的使用频率

各类政策工具的有效配合是确保乡村旅游减贫目标得以顺利实现的重要保障。研究发现，各级公共部门所颁布的乡村旅游政策文件中供给型政策工具使用频率偏多，而环境型和需求型政策工具使用比例相对较少。因此，结合研究结果可以从以下两方面将各类政策工具进行适当调整。具体而言，一方面，在科学评估乡村旅游地资源禀赋以及发展现状后，可适当降低供给型政策工具的使用频率，加大环境型和需求型政策工具的实施力度。在环境型政策工具使用中，应加大税收优惠和金融服务的投入力度，灵活运用各类金融手段、扶持措施，降低农户、旅游经营者的经济负担，提高其参与积极性。另一方面，公共部门还应当重视需求型政策工具在乡村旅游发展中的拉动效果，有效发挥需求型政策工具在调节政府、市场、社会三者间的职能作用，乡村旅游发展政策的制定要根据我国今后一段时间的经济发展总战略，即扩大经济内循环，政府主动创造市场需求，提供多元化、差异化、个性化的旅游产品，创新旅游产品新业态，并加强宣传，调动旅游者出游动机，激发乡村旅游市场活力，提高乡村旅游地游客量，促进乡村旅游发展格局不断完善。

二、加强部门间通力合作，提高发展效率

（一）明确各部门职责

推进乡村旅游减贫事业的发展需要各部门发挥其优势，以便提高乡村旅游发展效率、实现资源优势互补、减少浪费、节约发展成本。研究发现，各部门联合颁布政策的次数较少，文旅部、农业农村部、发改委等更

多的是执行乡村旅游发展政策，并未形成互补式乡村旅游减贫政策体系（孟凡丽，芦雲峰，高霞霞，2023），合作意识还有待提高，各部门优势还待进一步发挥。明确乡村旅游减贫事业发展中各公共部门的权责，以保障政策执行效率和资源优势互补。消除原有乡村旅游发展政策制定主体单一化而造成的资源利用不到位的情况，构建以政府为核心，形成文旅部门牵头，宣传、交通、农业等各部门协同管理，明确各部门、企业在乡村旅游发展过程中的具体实施细节与标准，最大限度发挥各部门优势，统筹规划，形成利益联合机制，加快完善乡村旅游用地、资金扶持政策，落实税收减免优惠政策，建立市场准入机制，引导企业积极参与乡村旅游减贫事业，发挥其对旅游市场的灵敏度和洞察力，实现乡村旅游规模化发展，进而提高公共资源利用率，有效杜绝各部门潜在的权责不明、争功诿过的可能。

（二）强化公共部门监督与考核机制

完善监督考核机制，提高各部门发展效率。农村地区发展乡村旅游需要公共部门的通力合作，但从研究结果来看，乡村旅游发展政策的制定者主要是各级政府，其在政策制定过程中尚未充分发挥文旅、交通运输、农业、财政的智囊作用。乡村旅游发展中需要资金、基础设施、人才等大量投入，任一环节执行效率过慢都将影响乡村旅游发展的整体进程。政府应明确各部门在乡村旅游发展中的职责、目标，有助于提高各部门政策执行效率，降低争功诿过的可能。此外，发挥政府部门的监督作用，定期深入乡村旅游地考核各部门发展成效，及时对政策执行不到位的部门予以纠正。

三、提高旅游产品新颖性，打造乡村旅游新业态

（一）将旅游资源与乡村旅游者实际需要有机结合

乡村旅游可持续发展既需要农户的广泛参与，也依赖于乡村旅游者前往旅游地开展旅游活动。而旅游者选择某一旅游地的前提是该地能满足旅

游者的需求。在追求多元化体验感的今天，创新乡村旅游产品是乡村旅游地维持竞争力的重要环节。研究发现，农户对"游客在本村停留的时间越来越长""游客在本村花的钱越来越多"的认同度较低。对此，如何提高乡村旅游者的消费水平、延长其旅游时间将影响农户旅游生计的稳定性。公共部门应深入市场进行调研，明晰乡村旅游者的实际需求，从旅游者视角把握乡村旅游市场现存的不足与问题，并出台相应发展政策予以完善，以满足旅游者需求，从而不断推出差异化的乡村旅游产品。将乡村旅游发展与旅游者实际需求进行有机整合，有利于避免旅游产品开发的盲目性以及降低旅游资源配置与市场需求不匹配的可能性。

（二）打造差异化的乡村旅游产品

差异化的旅游产品是乡村旅游地持续发展的又一关键。最初我国乡村旅游的发展大多以农家乐经营、垂钓、观光为主，但随着各地区为实现第一个百年奋斗目标，相继依托乡村旅游产业作为脱贫的有效途径。部分地区并未有效评估旅游资源而盲目上马，缺乏将乡村旅游的本质属性即乡村性运用到旅游产品的打造中，在旅游产品的供给上并未突出当地特色，而是一味追求高大上，缺乏深入挖掘当地特有的乡土旅游品牌，导致旅游目的地可持续增收效果不强。但旅游产品众多，仅仅依靠政府力量，无疑持续增加了政府部门在乡村旅游产业方面的投入。可出台相关政策，引入市场准入机制，形成多元主体参与乡村旅游减贫事业方式，在乡村性特征不受损的基础上，将旅游产品从传统的旅游六要素"食、住、行、游、购、娱"扩充到度假、康养、娱乐等功能（黄渊基，2019），增强旅游与农业、旅游与文化的有机结合，提高旅游产品竞争优势。在旅游与农业有机结合的基础上推出差异化的旅游产品以满足旅游者需求，是延长其停留时间及提高重游率的重要途径，最终将有助于农户持续性获得旅游收益。

四、各部门要打好组合拳，多措并举提供差异化的旅游产品

（一）满足旅游者的多元化需求是调动其重游意愿的关键

本书基于复杂性理论构建了乡村旅游者高重游意愿非对称模型，并详

细论证了乡村旅游者高重游意愿的影响因素之间的复杂交互作用，即某一前因变量对结果变量的影响与否，可能会受到其他前因变量组合方式的影响（范香花和程励，2020），研究结果论证了乡村旅游者重游意愿产生的复杂性关系，有效回答传统定量回归分析中难以回答的自变量间相互作用及其所构成的组态是如何共同导致结果变量（重游意愿）发生的复杂因果关系，同时还能更好地解释因果关系中的非对称关系问题（杜运周和贾良定，2017）。在今后的旅游学研究中，可以尝试转换研究视角，从变量的独立作用转变到组态效应有助于丰富和完善已有研究结论，拓宽旅游学研究边界。采用 fsQCA 所析出的 13 条高重游意愿的前因条件组合，为调动乡村旅游者出游积极性提供了多元化的参考路径。其中，任一路径组合均能实现乡村旅游者高重游意愿。因此，旅游公共管理部门以及旅游经营者可以根据旅游地实际情况，因地制宜地选择能够提高乡村旅游者重游意愿的路径组合。

（二）确保旅游地安全是影响旅游者重游意愿的又一要素

本书实证了重游意愿研究中纳入旅游健康风险变量的可行性，为今后旅游者行为研究提供了新的关注点。研究发现，高旅游健康风险和低旅游健康风险与其他前因条件组合均能导致乡村旅游者高重游意愿的发生。在表 7–5 的模型 B 和模型 C 中，一方面，在 B1、B3 以及 C1～C5 所形成的高重游意愿的组态路径中，旅游健康风险变量均以低旅游健康风险的形式与其他前因条件组合出现。这表明部分乡村旅游者关注旅游过程中潜在的健康风险，其往往倾向于在低旅游健康风险下进行旅游活动；另一方面，在 B2、C6、C7 所形成的前因条件组合中，旅游健康风险变量则均以高旅游健康风险的形式出现。其原因可能是公众的旅游需求受到抑制，导致即使存在健康风险的情况，乡村旅游者基于对旅游目的地的感知价值、满意度等的评价而形成的推力激发了其重游意愿。此外，本书发现，在乡村旅游者高重游意愿的预测中，旅游健康风险变量在不同的组态中可能以高风险、低风险或不出现的形式呈现，其在各个组态的表现形式受其他前因变量存在与否、正向或负向的影响，同时，该变量也影响着其他变量的作用形式，体现出重游意愿的复杂性特征。在面对突发公共危机事件的影响下，旅游目的地需定时做好消杀工作，及时对外公布旅游地游客量，塑造旅游地安全形象，以减轻旅游者心理负担；同时，公共部门和旅游经营者可以从危机中把握发展契机，打造差异化的旅游产品，提升旅游地形象，为旅游者提供个性化服务，并通过发放消费券、拍摄短视频等措施激发乡村旅游者重游意愿。

（三）旅游地的多因素供给是提高旅游地可持续发展的关键

本书将动机变量、满意度变量、旅游地形象变量、感知价值变量、旅游健康风险变量、人口学特征变量同时纳入所构建的乡村旅游者高重游意愿模型中进行 fsQCA 分析，而不是对重游意愿影响因素及作用程度进行简单分析，弥补了传统线性分析方法，如 SEM 和 Logistic 回归分析难以实现的研究环节。这有助于从多因素交互作用视角探讨乡村旅游者重游意愿影响因素，用复杂性观点探讨乡村旅游者重游意愿研究，并且能拓宽现有研究对于旅游者行为影响因素之间所存在的复杂性认识，区别于已有文献所强调的单一因素导致重游意愿发生的可能性。本书充分证明乡村旅游者重游意愿的产生是多因素共同作用的结果，且某一因素对重游意愿的影响程度还会受其他因素存在与否、作用方向的影响。

五、培养乡村人才，调动农户参与积极性

（一）完善乡村人才培养机制

人才是第一资源，是驱动经济发展的第一要素。人才培养是强旅兴旅的根本，在高速发展的今天，培养旅游专业人才是乡村旅游可持续发展的重要保证。根据农户微观层面感知效应可以看出，其在"接受过政府组织的旅游知识培训""旅游服务技能得到提升"方面的认同感较低，原因之一在于农村地区青年外流情况严重，农村总体呈现出老龄化和空心化的状态，而相关部门组织农户参与培训，主要是针对年龄在 60 周岁以下的农户，导致接受过培训的农户数量有限。因此，在推动乡村旅游减贫事业的

发展过程中，各地区公共部门应出台相关政策落实乡村人才的培养机制，关注当地留村农户参与乡村旅游发展的现实需要，放宽农户参与的年龄限制，将有干劲的农户纳入乡村旅游发展队伍建设当中，并对其进行旅游方面的知识与服务培训。同时，各村干部也要深入农户家庭，对乡村旅游发展政策、政府扶持措施等进行逐户宣传。借助农户家人的力量，使在外务工的农户回流迁移，为乡村旅游发展提供充足的人员支持。

首先，在公共政策的制定中，要积极采取多种措施，突出乡村人才培养的措施、方式以及目标，出台相应的激励机制，以激发和调动农户参与积极性。在此过程中，应确保各地区农户在乡村旅游发展中的主体性地位，借助其对农耕文化的理解与把握，将乡村性融入到旅游产业发展的各个环节，既体现和落实了农户主体地位、实现了农户增权，也有助于留住乡村人才，形成良性发展机制，有利于逐步由政府主导乡村旅游发展转向发挥农户内生动力。

其次，各级政府部门应定期对村干部、各村农户、所有乡村旅游参与者和经营者开展关于旅游服务、经营管理、互联网营销等专业知识培训及操作培训，培养一批爱农村、懂旅游、会经营的新型农户，既传承了农耕文化、培养了乡村人才，也为乡村文化振兴提供了重要参考途径。

最后，要为返乡创业者、青年大学生、旅游经营者等建立乡村旅游创业平台和扶持政策机制。各地区政府部门可以出台相应的人才引进政策，为乡村地区提供优质人才、为旅游发展注入新鲜活力，这有助于完善乡村旅游产品供给、实现乡村旅游产业的转型升级，确保旅游产品更加符合市场需要，进而提高旅游者满意度。出台优惠政策，如减免税收等，鼓励在外务工农户回乡参与发展乡村旅游产业，培养一批致富能手，发挥其能人带动和示范作用，以提高农户参与意愿，并将其与农户利益紧密联系在一起，以减少旅游发展给农户带来的恶性竞争，营造良好的乡村旅游经营环境。

（二）提高农户专业素质

提高农户旅游方面的相关服务知识与技能，既是实现乡村人才振兴的有效途径，也是提高乡村旅游者满意度及其重游意愿的重要保障。研究发现，旅游者在乡村旅游目的地的停留时间并未越来越长，旅游消费水平也有待进一步激发。因此，除了要转型升级旅游产品外，还应从提高农户专业服务技能和知识方面入手，通过旅游、酒店公司对农户进行技能与知识培训，并定期对农户技能进行考核，使其旅游服务技能维持在一定水平上，有助于其更好地为旅游者在游览过程中提供个性化服务，进而提高重游率，实现乡村旅游目的地的可持续发展。此外，各乡村旅游地还可以相互合作，定期派农户到其他村进行实地调研，通过农户所见所闻所感，因地制宜地将其运用到本村农家乐、民宿、旅游产品的打造上，从而有助于拓宽农户视野、提高其自主学习动力。

六、提高乡村旅游发展目标与农户需求的契合度

（一）定期考核乡村旅游减贫成效

政府部门在农村地区大力推进乡村旅游减贫事业的发展，其主要目的是帮助农户拓宽其收入来源、实现农户的可持续减贫。但这一目标的有效实现有赖于农户的积极参与。根据需要层次理论，农户的各种需要并不是杂乱无章，而是以需要的强度和轻重缓急进行排序，当较低层次的需要得到满足后，原来需要的动机将不再发挥作用，取而代之的是新的需要动机（罗莹，姚增福，2022）。在 2020 年后，农户的生存性需要已得到有效解决，其生理、安全需要得到满足，取而代之的是能力贫困、精神贫困、权利贫困、资源贫困等较高层次的需要得到满足将成为农户参与乡村旅游的主要动机。因此，现阶段乡村旅游的发展成效能否满足农户需要还有待进一步评估。此外，在乡村旅游的不断发展过程中，农户自身的各类需要得到满足与否，将影响其参与乡村旅游发展意愿。因此，公共部门还应定期深入当地，基于农户视角对乡村旅游减贫成效进行评估，通过与农户访谈等方式了解现阶段旅游发展所存在的不足及农户需求等，并及时针对农户所反映的问题进行相应整改，将政府宏观发展目标与农户实际需求有机整合，确保农户参与意愿维持在一定水平，从而实现农村地区乡村旅游减贫

事业的可持续发展。

（二）提高政策工具与农户需求的契合度

政策工具发挥作用离不开其与特定目标的高度匹配（王子健，完颜邓邓，2023）。公共部门为促进乡村旅游减贫事业的发展，在制定相应政策前，应深入了解当地农户的需求及其对乡村旅游发展的期望、评估当地旅游资源丰富度等。在此基础上，将可利用资源、农户需求与政府发展乡村旅游目标有机结合，制定相关政策，确保乡村旅游政策的制定与农户实际需求紧密结合，有助于调动农户参与性，最大限度发挥政策作用。此外，研究发现，除经济效应能显著正向影响农户参与意愿外，随着农户生存型贫困得到有效解决，其对自身在旅游发展中的主体性地位的满足程度开始成为影响其参与意愿的重要因素。因此，在推进乡村旅游发展的过程中应确保农户真正有效参与到各个环节，充分发挥其主体性作用及其对农耕文化的理解，使其权利得到充分保障与体现，有助于提高其参与意愿，从而推进乡村旅游减贫事业的可持续发展。在乡村旅游发展政策的制定中要继续发挥乡村旅游给农户带来的经济减贫效应，通过打造差异化的乡村旅游产品、加大宣传力度、发放消费券等方式，提高乡村旅游者的出游意愿、激发公众的旅游需求、促进其开展乡村旅游活动，以确保农户获得持续性旅游收益。另外，还应在政策中着重落实农户主体性地位，从前期的乡村旅游发展规划的制定再到后期的旅游项目经营，都应确保农户的有效参与乡村旅游全过程，实现其与各参与主体的有效对话，发挥农户的主人翁精神，将其对农耕文化的理解运用到乡村旅游减贫中。

七、打造多元化的旅游产品，促进旅游者的重游意愿

（一）研究结果支持乡村旅游者重游意愿具有复杂性特点

在性别、年龄、年收入、学历、动机、旅游地形象、感知价值、满意度以及旅游健康风险 9 个影响因素中，所有单变量的一致性均未超过 0.9，均未构成高重游意愿发生的必要条件，表明乡村旅游者高重游意愿的发生

并不是单纯的线性关系，其重游意愿的产生是以多个要素组合的方式出现，因此，选择 fsQCA 分析方法对乡村旅游者高重游意愿进行分析具有较好的合理性。研究发现，高重游意愿的发生呈现出"殊途同归"的特征，即产生高重游意愿的路径结果是多样的，研究共析出 13 条乡村旅游者高重游意愿的组合路径。在 13 条路径组合中，导致高重游意愿的前因变量之间的规律性关系也不尽相同，某一变量对重游意愿的影响取决于其他变量在前因条件组合中的正向、负向或不出现，这也表明乡村旅游者高重游意愿的产生是多因素共同作用的结果。

（二）满足旅游者各类旅游需要是提高其重游率的关键

在模型 B 和模型 C 中（见表 7 - 5），低旅游健康风险变量与其他变量组合出现的次数（7 次）多于高旅游健康风险与其他变量组合的次数（3 次），即在与其他前因变量组合作用中，低旅游健康风险对于激发乡村旅游者重游意愿的概率大于高旅游健康风险与其他要素组合而引发的概率。这一结果表明突发公共危机对乡村旅游者重游意愿的影响具有两面性：一方面，突发公共危机增加了旅游者对于外出旅游感染疾病的风险性，其往往倾向于在低旅游健康风险下开展旅游活动；另一方面，突发公共危机压抑了人们的旅游需求，导致即使存在旅游健康风险的情况，旅游者基于对旅游地形象、感知价值、满意度等评价而形成的推力，激发了乡村旅游者的重游意愿。

八、提高农户参与意愿，实现乡村旅游可持续减贫

（一）充分发挥农户主体性作用

乡村旅游减贫目标的实现，既依赖于政府部门前期投入大量的基础设施建设、资金、人才等资源，更有赖于农户自身的积极参与。

本书研究结果表明，乡村旅游发展目标能否真正让农户受益，以及农户参与到乡村旅游发展规划的制定、在旅游发展中有渠道发表自己的观点、获得较多的旅游收益，都将正向影响其参与意愿。为实现农户增权，

政府各部门应从宏观层面加以监督和干预，营造一个良好的乡村旅游经营环境，确保参与发展的公平性，维护农户切身利益。此外，在推进乡村旅游减贫事业过程中，由于农村地区通过提供优惠政策吸引企业参与，以减少其资金压力，而企业往往为追求利益最大化而过度开发旅游资源，不利于乡村旅游地持续发展，并影响公共政策的执行效率。因此，政府部门首先需从政策层面确保农户参与乡村旅游的主体性地位，并定期从农户微观视角考核乡村旅游减贫成效，及时发现乡村旅游发展中所存在的问题，动态调整公共政策与乡村旅游市场准入机制。根据农户实际获得感、参与意愿等情况，畅通农户与企业之间的沟通渠道，促进两者以优势互补的方式融入到乡村旅游发展当中。

（二）合理分配各方旅游收益

各参与主体获得相应的旅游收益是推动乡村旅游良性发展的重要保障。为实现乡村旅游助农增收的目标，防止农户处于参与发展边缘，政府各部门应从宏观层面加以监督和干预，营造良好的乡村旅游经营环境，有效保障农户切身利益。此外，在推进乡村旅游减贫事业过程中，农村地区通过提供优惠政策吸引企业的参与，而农户囿于自身物质资本、社会资本相对欠缺，往往被排斥在乡村旅游发展的边缘，导致区域经济的增长并未让农户有效受益，影响了公共政策的执行效率。因此，政府部门定期从农户微观层面考核乡村旅游减贫成效，动态调整乡村旅游市场准入机制，根据农户实际获得感、参与意愿动态调整发展策略，明确各方利益分配机制，确保农村地区乡村旅游发展真正让农户受益。

第二节　展　　望

首先，本书从四川省、宜宾市、内江市、巴中市各公共部门官网检索与乡村旅游有关的公共政策文件，采用 NVivol12 质性分析软件对其进行政策文本分析，从宏观层面明晰各级部门为推动乡村旅游产业发展所采取的措施、策略手段、目标、政策工具组合等。其次，考虑到代表性、可行性和实用性，从宜宾市、内江市、巴中市随机各抽取两个村，共选择六个村作为研究案例，对其农户进行问卷调查，实证检验四川省乡村旅游产业发展的实际成效。再次，乡村旅游者的重游意愿不仅是确保农户获得持续、稳定旅游收益的重要来源，亦是其参与旅游产业发展的根本途径。因此，将宜宾市春风村作为案例研究地，探讨其旅游者重游行为的复杂性和调节效应，以明晰提高旅游者重游率的有效途径。最后，在对接政策目标与农户实际感知、参与意愿基础上，找出乡村旅游减贫中政府管理具有的优势和存在的不足，并针对性地提出解决措施和建议。

一、局限性

与其他实证研究相同，本书不可避免存在一些局限，表现在：

1. 本研究在各大政府网站收集到的政策文件数量有限，其中，四川省、宜宾市、内江市、巴中市文件数量分别为 114 份、16 份、7 份、36 份，可能会影响政策文本的分析结果。

2. 研究共涉及 6 个四川省乡村旅游示范村，共收集到 478 份农户问卷，涵盖了乡村旅游参与户与非参与户，能满足本章研究目标。但如要更加全面地反映四川省乡村旅游减贫成效，在样本量方面还有待扩充。

3. 6 个村分别涵盖了产业带动型、景区依托型、自然风光型乡村旅游发展模式，但四川省甘孜藏族自治州、阿坝羌族藏族自治州、凉山彝族自治州属于民族地区，其乡村旅游发展模式以及旅游资源可能与四川省其他各市存在差异，本书的代表性有待进一步提升。

4. 本书以旅游乘数和漏损理论、扎根理论、复杂性理论、情绪评价理论、利益相关者理论等为依托，结合现有乡村旅游研究现状和案例地实际情况，围绕乡村旅游减贫与乡村振兴有效衔接，构建能体现农户内生发展能力的减贫效应评价指标，但各维度所涵盖的内容丰富与否需要根据经济社会发展现状不断调整量表，从而使研究结果更能体现四川省乡村旅游减贫成效。

5. 由于各案例地区农户识字率普遍偏低，调研采用调研人员向农户口述问卷题项并记录其答案的方式进行。尽管调研人员从客观角度进行调研，但其表述方式会对农户产生不同程度的影响，进而对实证研究结果产生影响。

6. 在乡村旅游者重游意愿的研究中，仅将宜宾市春风村旅游者作为研究对象，尽管研究人员在调研过程中最大程度开展问卷调查，但不同区域的旅游者在人口学特征、旅游感知、满意度等方面可能存在差异，可能会影响研究结果。

二、研究不足

针对以上研究不足，在今后的研究中可以从以下三个方面进行完善。

1. 扩大对政策文件检索的时间范围，有助于更加清晰地呈现公共政策在推进乡村旅游减贫事业中的演进过程。

2. 扩充问卷的样本量，在旅游减贫效应的评估中可考虑将四川省民族地区与非民族地区进行对比分析，从而更加全面地反映四川省乡村旅游减贫成效，有利于让对策建议更具普适性。

3. 在后续构建乡村旅游减贫效应评价指标中，还需进一步结合经济社会发展现状将指标细化，使研究结果更好地反映实际情况。

参考文献

［1］包银芳．乡村振兴背景下乡村旅游高质量发展的驱动、困境与实现路径［J］．农家参谋，2022（8）：58－60.

［2］曹海苓．中国社会化养老服务中的政府职能研究［D］．吉林：东北师范大学，2020.

［3］曹荣庆．中国政府职能转型的财政学透视［M］．北京：中国财经经济出版社，2004.

［4］陈才，曾文龙，赵志峰．海南乡村民宿政策提升路径——基于政策工具视角［J］．南海学刊，2021，7（4）：85－92.

［5］陈钢华，黄远水．城市旅游地游客重游动机实证研究——以厦门市为例［J］．旅游科学，2010（1）：78－85.

［6］陈海波，刘婷，李慧斌．意愿重游者与非意愿重游者差异的系统比较——以海南国际旅游岛为例［J］．天津商业大学学报，2012（6）：21－25＋30.

［7］陈海波，汤腊梅，许春晓．海岛度假旅游地重游者动机及其市场细分研究——以海南国际旅游岛为例［J］．旅游科学，2015（6）：68－80.

［8］陈水映．旅游特色小城镇产城融合发展机制及空间效应研究［D］．西安：西北大学，2020.

［9］陈阳．制度逻辑视角下新兴技术创业企业合法性获取策略及其形成机制研究［D］．成都：电子科技大学，2022.

［10］陈友华．基于扶贫目的的我国旅游扶贫开发新思路［J］．当代

旅游旬刊, 2013 (4)：56 –58.

[11] 陈悦梅. 基于结构方程模型的黑色旅游地游客重游意愿影响因素研究 ［D］. 成都：四川师范大学, 2021.

[12] 陈振明. 公共政策分析导论 ［M］. 北京：中国人民大学出版社, 2004.

[13] 谌丽, 蒋雅卓. 社会满意度调查在城市体检与评估中的应用 ［J］. 地理科学, 2021 (10)：1729 –1741.

[14] 程励, 赵晨月. 新冠肺炎疫情背景下游客户外景区心理承载力影响研究——基于可视化行为实验的实证 ［J］. 旅游学刊, 2021, 36 (8)：27 –40.

[15] 程玉桂, 陈建毅. 文化视域下助农直播中消费者购买意愿研究——基于扎根理论的探索 ［J/OL］. 企业经济, 2023 (2)：153 –160.

[16] 代筑蓉, 林年容, 王桀. 新冠肺炎疫情影响下旅游者感知和行为分析 ［J］. 时代经贸, 2021, 18 (3)：93 –95.

[17] 邓小海, 曾亮, 罗明义, 等. 云南乌蒙山片区所属县旅游扶贫效应分析 ［J］. 生态经济, 2015, 31 (2)：134 –138.

[18] 邓小海, 曾亮, 云建辉. 贵州乌蒙山片区所属区域旅游扶贫效应分析 ［J］. 新疆农垦经济, 2015 (5)：48 –53.

[19] 邓小海, 肖洪磊, 云建辉. 乡村振兴战略下脱贫地旅游发展"内卷化"风险及其防范对策 ［J］. 企业经济, 2022, 41 (4)：105 –114.

[20] 邓小海. 旅游精准扶贫研究 ［D］. 昆明：云南大学, 2015.

[21] 邓小海. 从"脱贫"迈向"振兴"：乡村旅游发展的动力转换 ［J］. 贵州社会科学, 2021 (2)：163 –168.

[22] 邓小兰, 冯明义, 林永坚, 等. 从"乡土情结"看农家乐的发展走向——以南充市近郊农家乐为例 ［J］. 资源开发与市场, 2007 (3)：269 –271.

[23] 翟洪江. 农村家庭相对贫困识别与治理研究 ［D］. 大连：东北农业大学, 2021.

［24］丁焕峰．国内旅游扶贫研究述评［J］．旅游学刊，2004（3）：32－36.

［25］董培海．滇西边境山区民族村寨社区参与旅游扶贫的空间效应研究［D］．昆明：云南师范大学，2021.

［26］杜江，向萍．关于乡村旅游可持续发展的思考［J］．旅游学刊，1999（1）：15－18＋73.

［27］杜运周，贾良定．组态视角与定性比较分析（QCA）：管理学研究的一条新道路［J］．管理世界，2017（6）：155－167.

［28］杜运周，刘秋辰，程建青．什么样的营商环境生态产生城市高创业活跃度？——基于制度组态的分析［J］．管理世界，2020（9）：141－155.

［29］方淑苗，方帆．乡村旅游感知价值对重游意愿的影响研究——地方依恋和游客满意度的链式多重中介作用［J］．四川旅游学院学报，2022（1）：79－85.

［30］冯伟林，陶聪冲．西南民族地区旅游扶贫绩效评价研究——以重庆武陵山片区为调查对象［J］．中国农业资源与区划，2017，38（6）：157－163.

［31］高杨，刘庆莲，张堪钰．相对贫困标准与人口识别：地方实践与政策启示［J］．经济与管理评论，2022，38（4）：135－145.

［32］耿亚东．从服务型政府到人民满意的服务型政府——服务型政府20年发展研究述评［J］．内蒙古大学学报（哲学社会科学版），2021，53（2）：14－23.

［33］郭安禧，郭英之，李海军，等．旅游者感知价值对重游意向影响的实证研究——旅游者满意和风险可能性的作用［J］．旅游学刊，2018（1）：63－73.

［34］郭安禧，黄福才，黎微．重游意向最关键驱动因素的实证研究——感知价值、感知吸引力、游客满意和游客信任的比较［J］．江西财经大学学报，2013（1）：38－46.

［35］郭安禧，黄福才，杨晶，等．目的地形象对感知吸引力及重游

意向的影响——以厦门市为例〔J〕.旅游科学,2015,29(6):50-67.

〔36〕郭安禧,黄福才.旅游动机、满意度、信任与重游意向的关系研究〔J〕.浙江工商大学学报,2013(1):78-87.

〔37〕郭文秀.沉浸体验对滑雪消费者持续消费意愿的影响——情感依恋与满意度的双重中介效应〔J〕.体育成人教育学刊,2021,37(6):13-19.

〔38〕郭熙保,罗知.论贫困概念的演进〔J〕.江西社会科学,2005(11):38-43.

〔39〕韩春鲜.旅游感知价值和满意度与行为意向的关系〔J〕.人文地理,2015,30(3):137-144+150.

〔40〕韩磊,乔花芳,谢双玉,等.恩施州旅游扶贫村居民的旅游影响感知差异〔J〕.资源科学,2019,41(2):381-393.

〔41〕韩长斌.实施乡村振兴战略 推动农业农村优先发展〔EB/OL〕.(2018-08-27)〔2022-12-10〕.http://theory.people.com.cn/gb/n1/2018/0827/c40531-30252014.html.

〔42〕何莽,张紫雅,黎耀奇,等.居民感知价值对康养旅游支持行为的影响研究——基于情绪评价理论的视角〔J〕.旅游科学,2022,36(4):18-41.

〔43〕何星,覃建雄.ST-EP模式视域下的旅游精准扶贫驱动机制——以秦巴山区为研究对象〔J〕.农村经济,2017(10):86-90.

〔44〕洪学婷.流动性视角下乡村旅游地乡村性的演化特征及影响机理〔D〕.南京:南京师范大学,2021.

〔45〕胡虹栩.巴中市政府购买公共服务问题及对策研究〔D〕.成都:西南民族大学,2019.

〔46〕胡柳.乡村旅游精准扶贫研究〔D〕.武汉:武汉大学,2016.

〔47〕胡涛涛.基于多智能体模型的集群创新网络协同治理研究〔D〕.成都:电子科技大学,2022.

〔48〕黄翅勤,彭惠军,罗文,等.乡村旅游综合体非经济价值的游客感知与作用研究——以湖南省衡阳市金甲岭村为例〔J〕.衡阳师范学院

学报，2019，40（3）：65－70.

［49］黄大徐．数字金融对农户多维相对贫困的影响研究［D］．贵阳：贵州大学，2022.

［50］黄锐，谢朝武，李勇泉．中国文化旅游产业政策演进及有效性分析——基于2009—2018年政策样本的实证研究［J］．旅游学刊，2021，36（1）：27－40.

［51］黄秀娟．旅游目的地国际竞争力决定因素研究［D］．厦门：厦门大学，2007.

［52］黄渊基，徐美，郑毅．基于层次分析法的集中连片特困地区旅游扶贫效果评估与分析——以湖南省武陵山片区为例［J］．邵阳学院学报（社会科学版），2019，18（1）：52－60.

［53］黄渊基．少数民族地区旅游扶贫研究［D］．长沙：湖南农业大学，2017.

［54］黄渊基．乡村振兴背景下的中国旅游减贫：问题与对策［J］．贵州师范大学学报（社会科学版），2020（2）：26－39.

［55］黄渊基．中国农村70年扶贫历程中的政策变迁和治理创新［J］．山东社会科学，2021（1）：89－95.

［56］黄祖辉，宋文豪，成威松，等．休闲农业与乡村旅游发展促进农民增收了吗？——来自准自然实验的证据［J］．经济地理，2022，42（5）：213－222.

［57］季文媚，宁尚明．乡村旅游发展中村民参与度影响因素：以泰安市岱岳区道朗镇北部山区为例［J］．泰山学院学报，2020，42（6）：51－56.

［58］贾未寰，符刚．乡村旅游助推新时代乡村振兴：机理、模式及对策［J］．农村经济，2020（3）：19－25.

［59］贾衍菊，李昂，刘瑞，等．乡村旅游地居民政府信任对旅游发展支持度的影响：地方依恋的调节效应［J］．中国人口·资源与环境，2021，31（3）：171－183.

［60］巨英英，程励．革命老区美丽乡村建设满意度的影响机制研究：

基于山西省左权县的实证分析〔J〕．西北师范大学学报（自然科学版），2021，57（5）：96－103.

〔61〕柯晓兰．乡村旅游高质量发展的困境及路径优化——基于四川省17县（区）25个乡镇的调查〔J〕．资源开发与市场，2021，37（10）：1247－1255.

〔62〕孔艺丹，黄子璇，陶卓民，等．旅游者乡村性感知对环境责任行为影响的实证研究——以高淳国际慢城为例〔J〕．东北农业科学，2020，45（4）：119－123＋128.

〔63〕黎克双．湘西自治州旅游扶贫开发探讨〔J〕．吉首大学学报（社会科学版），2008，29（6）：112－115.

〔64〕李柏槐．四川旅游扶贫开发模式研究〔J〕．成都大学学报（教育科学版），2007（6）：86－89.

〔65〕李东，王玉清，由亚男，等．旅游涉入度、目的地形象与重游意愿：一个被调节的中介作用模型〔J/OL〕．华中师范大学学报（自然科学版），2022：1－22.

〔66〕李刚，徐虹．影响我国可持续旅游扶贫效益的因子分析〔J〕．旅游学刊，2006（9）：64－69.

〔67〕李晶晶，刘文明，郭庆海．农户兼业经营的生成条件、效应及其演化方向〔J〕．经济学家，2021（5）：120－128.

〔68〕李静．亲贫困增长视角下我国乡村旅游经济的发展〔J〕．农业经济，2020（1）：62－63.

〔69〕李娟，刘紫薇．全民健身与全民健康深度融合的内涵、现实困境与多维路径研究〔J〕．沈阳体育学院学报，2021，40（1）：49－54.

〔70〕李渌，徐珊珊，何景明．文化记忆与乡村振兴：长征国家文化公园的社区参与——基于贵州省清镇市观游村索桥红军渡的个案研究〔J〕．旅游科学，2022，36（3）：72－90.

〔71〕李鹏．政府管理创新与能力建设〔M〕．北京：中共中央党校出版社，2010.

〔72〕李鹏红．政策工具视角下中国人才引进政策量化研究——基于

Nvivo 对湖北省的政策文本分析［J］．江汉大学学报（社会科学版），2022，39（1）：73－82＋127.

［73］李如跃．黔东南州苗侗民族村寨旅游扶贫研究［D］．成都：西南民族大学，2020.

［74］李如友，郭鲁芳．旅游减贫效应之辩——一个文献综述［J］．旅游学刊，2017，32（6）：28－37.

［75］李雅洁．乡村振兴视角下民族地区乡村旅游长期减贫效应研究［D］．兰州：西北师范大学，2021.

［76］李燕．客户资产减值对供应商的影响：内部人减持、投资决策和股票回报率［D］．长春：吉林大学，2022.

［77］李莹，于学霆，李帆．中国相对贫困标准界定与规模测算［J］．中国农村经济，2021（1）：31－48.

［78］李永娇，谢蕊，王艳华．乡村旅游扶贫效应的贫困居民感知与需求分析：基于吉林省延边州和龙市的调查［J］．东北农业科学，2020，45（5）：126－131.

［79］李永文，陈玉英．旅游扶贫及其对策研究［J］．北京第二外国语学院学报，2002（4）：74－76＋89.

［80］李元元．旅游学概论［M］．天津：南开大学出版社，2001.

［81］廖平，陈钢华．游客重游意愿的影响因素研究进展与启示［J］．旅游论坛，2020（4）：87－100.

［82］廖平，谢礼珊．旅游者"求新－重游"悖论的理论解释与实证分析［J］．旅游学刊，2022，37（1）：56－67.

［83］林喜华，蔡蔚萍．红色旅游区游客满意度及重游意愿研究——基于龙岩古田旅游区调查数据的实证分析［J］．福建开放大学学报，2021（5）：67－72.

［84］刘法建，徐金燕，吴楠，基于元分析的旅游者重游意愿影响因素研究［J］．旅游科学，2019（1）：33－53.

［85］刘佳，王焕真．基于计划行为理论的国内外旅游研究综述［J］．四川旅游学院学报，2019（3）：71－75.

［86］刘力，陈浩．温泉旅游地认知形象对游客体验和行为的影响分析［J］．地域研究与开发，2015（6）：110－115.

［87］刘纬华．关于社区参与旅游发展的若干理论思考［J］．旅游学刊，2000（1）：47－52.

［88］刘熙瑞，段龙飞．服务型政府：本质及其理论基础［J］．国家行政学院学报，2004（5）：25－29.

［89］刘晓萌．城乡居民基本医疗保险对农村中老年多维相对贫困影响研究［D］．济南：山东财经大学，2022.

［90］刘祎，王芳，秦国伟，等．不同模式下乡村旅游发展扶贫效应的测度与分析——基于安徽省贫困县区的数据［J］．林业经济，2020，42（7）：83－96.

［91］刘祖云．历史与逻辑视野中的"服务型政府"——基于张康之教授社会治理模式分析框架的思考［J］．南京社会科学，2004（9）：48－53.

［92］龙梅，张扬．民族村寨社区参与旅游发展的扶贫效应研究［J］．农业经济，2014（5）：48－50.

［93］卢冲，耿宝江，庄天慧，等．藏区贫困农牧民参与旅游扶贫的意愿及行为研究：基于四川藏区23县（市）1320户的调查［J］．旅游学刊，2017，32（1）：64－76.

［94］卢小丽．生态旅游社区居民旅游影响感知与参与行为研究［D］．大连：大连理工大学，2006.

［95］陆林，刘烊铭．政府主导乡村旅游开发进程中的农民利益保护研究——以云南KY小镇为例［J］．农村经济，2019（6）：50－56.

［96］罗莹，姚增福．乡村旅游高质量发展的现实困境及路径［J］．农业与技术，2022，42（13）：155－158.

［97］罗莹，姚增福．不同发展模式下乡村旅游减贫效应对比研究［J］．宜宾学院学报，2023，23（2）：32－42.

［98］罗莹，姚增福．疫情背景下乡村旅游者重游意愿的复杂性研究——基于模糊集定性比较分析方法［J/OL］．旅游科学：1－14.

［99］马波．开发关中地区乡村旅游业的构想［C］//第四届全国区域旅游开发学术研讨会论文汇编．中国旅游协会区域旅游开发专业委员会，1994.

［100］马静．乡村旅游政策演进与执行效力评价研究［D］．武汉：中南财经政法大学，2021.

［101］马遵平，廖胜，苏蜀航．争议名人故里旅游地的形象认同研究——以江油"李白故里"为个案［J］．绵阳师范学院学报，2020，39（6）：67－72.

［102］孟凡丽，芦雲峰，高霞霞．政策工具视角下我国乡村旅游政策研究——基于国家政策文本的量化分析［J］．贵州民族研究，2023，44（1）：113－122.

［103］苗银家，周莉莉．乡村振兴战略下乡村旅游扶贫效应及村民满意度研究［J］．北方园艺，2019（20）：131－139.

［104］牛海桢，高燕，雷金瑞．甘肃省县域旅游经济发展论纲［J］．甘肃联合大学学报（社会科学版），2010，26（4）：65－70.

［105］邱玮玮，林业江．基于新流动性视角的乡村民宿场所情感维度建构与检验——以桂林阳朔县为例［J］．旅游论坛，2022，15（4）：83－100.

［106］邱新艳，朱黎明，冯茹，等．云南少数民族地区的旅游扶贫优势分析［J］．商业经济，2013（2）：67－68.

［107］荣慧芳．基于网络数据挖掘的乡村旅游流时空演变与影响机制研究［D］．南京：南京师范大学，2021.

［108］佘升翔，杨姗姗，杨帆，等．徒步旅游感知风险及其影响研究［J］．旅游论坛，2016，9（5）：30－33.

［109］申始占，王鹏飞．乡村旅游助力乡村振兴的逻辑机理、现实困境与突破路径［J］．西北农林科技大学学报（社会科学版），2022，22（5）：72－81.

［110］施雪华．"服务型政府"的基本涵义、理论基础和建构条件［J］．社会科学，2010（2）：3－11＋187.

［111］施雪华．政府权能论［M］．杭州：浙江人民出版社，1998．

［112］时颖惠，薛翔．政策工具视角下我国信息安全政策研究——基于 81 份政策文本的量化分析［J］．现代情报，2022，42（1）：130 - 138．

［113］史瑞应．体育赛事旅游特殊性对游客重游意愿的影响研究——基于结构方程模型的实证分析［J］．价格理论与实践，2022（2）：192 - 195 + 203．

［114］寿东奇，姜洪涛，章锦河，等．求新动机对游客重游意愿的调节作用研究——以西塘古镇为例［J］．地理科学，2017，37（1）：130 - 137．

［115］四川省人民政府．权威数据来了！四川 21 市州 2020 年 GDP 排行出炉［R/OL］．（2021 - 02 - 03）［2022 - 12 - 09］．https：//baijiahao. baidu. com/sid = 1690603389383526134&wfr = spider&for = pc．

［116］四川省人民政府．扶贫送去"旅游饭"让贫困地区摘掉"穷帽子"［EB/OL］．（2016 - 12 - 01）［2022 - 12 - 04］．https：//www. sc. gov. cn/10462/10464/10797/2016/12/1/10405988. shtml．

［117］四川省人民政府．民调显示：自然环境恶劣生存发展条件有限是造成贫困的主要原因［R/OL］．（2016 - 07 - 28）［2023 - 01 - 24］，https：//www. sc. gov. cn/10462/10778/10876/2016/7/28/10389986. shtml?from = groupmessage．

［118］宋嘉豪．中国农村留守群体多维相对贫困研究［D］．武汉：中南财经政法大学，2021．

［119］粟路军，贾伯聪．旅游地危机事件研究回顾、述评与展望［J］．湖南师范大学自然科学学报，2023，46（1）：57 - 69．

［120］孙凤芝，欧阳辰姗，胥兴安，等．乡村旅游背景下农户生计策略转变意愿研究［J］．中国人口·资源与环境，2020，30（3）：153 - 160．

［121］孙佼佼，郭英之．疫情防控中身体距离作用下旅游者幸福感影响路径——基于模糊集的定性比较分析（fsQCA）［J］．旅游学刊，2021（8）：41 - 51．

［122］孙九霞，保继刚．社区参与的旅游人类学研究：阳朔遇龙河案

例 [J]．广西民族学院学报（哲学社会科学版），2005（1）：85 – 92.

[123] 孙九霞，徐新建，王宁，等．旅游对全面脱贫与乡村振兴作用的途径与模式——"旅游扶贫与乡村振兴"专家笔谈 [J]．自然资源学报，2021，36（10）：2604 – 2614.

[124] 孙九霞，王淑佳．新时期乡村旅游推动城乡共同富裕的理论逻辑、现实挑战与研究框架 [J]．中国生态旅游，2023，13（2）：206 – 221.

[125] 孙九霞．守土与乡村社区旅游参与：农民在社区旅游中的参与状态及成因 [J]．思想战线，2006（5）：59 – 64.

[126] 孙久文，夏添．中国扶贫战略与2020年后相对贫困线划定——基于理论、政策和数据的分析 [J]．中国农村经济，2019（10）：98 – 113.

[127] 汤云云，晋秀龙，袁婷．美食旅游动机对旅游者行为意向的影响分析——以南京夫子庙景区为例 [J]．南宁师范大学学报（自然科学版），2020，37（3）：68 – 75.

[128] 陶宇．权衡视角下企业社会责任行为研究 [J]．重庆大学学报（社会科学版），2019，25（1）：96 – 106.

[129] 陶长江，李子祎．现代节庆活动的游客感知价值维度构建及实证研究——以成都国际桃花节为例 [J]．旅游论坛，2018（3）：1 – 16.

[130] 田明华，黄雨，王富炜，等．欠发达地区乡村旅游减贫的门槛效应研究——基于安徽省15个欠发达县面板数据 [J]．林业经济，2022，44（6）：65 – 81.

[131] 汪雷，高婕．十八大以来中央"一号文件"农民增收政策效应初探 [J]．安徽农业大学学报（社会科学版），2022，31（6）：8 – 13 + 30.

[132] 汪丽，刘阳，刘慕华．家在旅途：家庭旅游对城市居民生活质量感知的影响研究 [J]．旅游学刊，2022，37（10）：117 – 130.

[133] 王斌．景区形象与游客感知价值、满意和忠诚的关系的实证研究 [J]．旅游科学，2011，25（1）：61 – 71.

[134] 王辉，李亚萍．海岛游客重游意愿影响因素研究 [J]．首都师范大学学报（自然科学版），2022（1）：64 – 70.

[135] 王会战．后扶贫时代乡村旅游精准扶贫参与机制优化研究

［J］. 领导科学，2021（16）：102 – 105.

［136］王金伟，张丽艳，王国权. 民族地区居民旅游扶贫参与意愿的影响机制——一个中介与调节效应的混合模型［J］. 旅游学刊，2022，37（8）：40 – 57.

［137］王钦安，张丽惠，王珊. 安徽省红色旅游游客感知 – 满意度 – 行为意向分析［J］. 南宁师范大学学报（自然科 学版），2019（4）：102 – 109.

［138］王婷，姚旻，张琦，等. 高质量发展视角下乡村旅游发展问题与对策［J］. 中国农业资源与区划，2021，42（8）：140 – 146.

［139］王伟. 乡村旅游精准扶贫的瓶颈制约与破解研究［J］. 农业经济，2020（12）：71 – 72.

［140］王细芳，陶婷芳. 健康风险厌恶对重游意愿的影响［J］. 企业经济，2021（9）：130 – 138.

［141］王晓丽. 新公共管理视角下乡村旅游政府治理研究［D］. 广州：华南理工大学，2021.

［142］王耀斌，陆路正，魏宝祥，等. 多维贫困视角下民族地区乡村旅游精准扶贫效应评价研究——以扎尕那村为例［J］. 干旱区资源与环境，2018，32（12）：190 – 196.

［143］王颖. 中国农村贫困地区旅游扶贫 PPT（Pro – Poor Tourism）战略研究［D］. 上海：上海社会科学院，2006.

［144］王跃伟，佟庆，陈航，等. 乡村旅游地供给感知、品牌价值与重游意愿［J］. 旅游学刊，2019，34（5）：37 – 50.

［145］王兆峰. 民族地区旅游扶贫研究［M］. 北京：中国社会科学出版社，2011.

［146］王志章，杨志红. 2020 年后民族地区持续性减贫路在何方？——基于湖北省恩施州精准脱贫的现状分析［J］. 湖北民族学院学报（哲学社会科学版），2019，37（3）：111 – 120.

［147］王子健，完颜邓邓. 政策工具视角下我国公共数字文化服务政策文本分析［J/OL］. 图书馆建设：1 – 21.

［148］魏宝祥，李雅洁，王耀斌，等. 乡村振兴战略下民族地区乡村旅

游长期减贫效应研究［J］．资源开发与市场，2020，36（11）：1290－1298．

［149］文化和旅游部．2019 年我国乡村旅游接待人次占国内旅游人次的一半［EB/OL］．（2020－09－24）［2022－11－20］．https：//baijiahao. baidu. com/s？id＝1709237525154219537&wfr＝spider&for＝pc.

［150］乌铁红．国内旅游形象研究述评［J］．内蒙古大学学报（人文社会科学版），2006（2）：98－103．

［151］奚雨晴，桑广书．挑战还是机遇：新冠疫情发生前后乡村旅游游客行为对比［J］．热带地理，2022，42（12）：2121－2131．

［152］向艺，郑林．家庭特征与藏族村民乡村旅游参与意愿：C 村案例研究［J］．西南交通大学学报（社会科学版），2018，19（4）：122－127．

［153］肖佑兴，明庆忠，李松志．论乡村旅游的概念和类型［J］．旅游科学，2001（3）：8－10．

［154］肖钊富，彭贤伟，李瑞，等．乡村振兴与乡村旅游协调发展时空演变及驱动因子——以四川省为例［J］．资源开发与市场，2022，38（1）：61－68＋85．

［155］谢富茂．县级政府在乡村旅游发展中的职能研究［D］．南昌：江西财经大学，2021．

［156］谢庆奎，燕继荣，赵成根．中国政府体制分析［M］．北京：中国广播电视出版社，1995．

［157］谢双玉，阴姣姣，乔花芳，等．恩施州乡村旅游扶贫模式及其效应差异研究［J］．人文地理，2021，36（5）：184－192．

［158］邢成举，李小云．相对贫困与新时代贫困治理机制的构建［J］．改革，2019（12）：16－25．

［159］兴国县人民政府．2021 乡村旅游：助推乡村振兴 打造崭新格局［EB/OL］．（2022－02－18）［2023－02－21］．http：//www. xingguo. gov. cn/xgxxxgk/xg10816/202202/86cba4e6f7324844beaedfe1d3912346. shtml.

［160］熊梦雯．乡村旅游发展中的政府职能履行困境［D］．南昌：南昌大学，2020．

［161］熊涛，刘文江．区域扶贫政策文本分析研究——以四川省扶贫

政策为例［J］．安徽农学通报，2021，27（13）：7－10＋94．

［162］徐明，陈斯洁．新冠肺炎疫情影响下青年就业政策研究——基于省级层面的政策文本分析［J］．人口与经济，2022（1）：140－156．

［163］徐淑红．乡村旅游对农村经济发展影响实证研究［J］．社会科学家，2020（12）：54－58．

［164］徐怡悦．房车营地旅游者动机、满意度与重游意向关系的实证研究［D］．杭州：浙江工商大学，2020．

［165］许晖，许守任，王睿智．消费者旅游感知风险维度识别及差异分析［J］．旅游学刊，2013（12）：71－80．

［166］许娟，程励．复杂性视角下乡村旅游地居民旅游满意度研究［J］．人文地理，2020（6）：149－160．

［167］范香花，程励．共享视角下乡村旅游社区居民旅游支持度的复杂性——基于 fsQCA 方法的分析［J］．旅游学刊，2020（4）：36－50．

［168］许小玲．共同富裕目标下中国相对贫困的治理机制与政策指向［J］．学习与实践，2022（8）：60－69．

［169］颜安．乡村旅游扶贫中的主体性缺失问题研究［D］．贵州：贵州民族大学，2021．

［170］杨春林．包容型领导对创业型团队绩效的影响机理研究［D］．北京：北京交通大学，2021．

［171］杨帆，冯娟，谢双玉，等．游客满意度对目的地重游意愿的影响研究——以武汉市 5A 级景区为例［J］．华中师范大学学报（自然科学版），2022（1）：116－126．

［172］杨峰．旅游扶贫背景下乡村旅游开发模式的研究［J］．体育世界（学术版），2020（3）：33－34．

［173］姚旻，赵爱梅，宁志中．中国乡村旅游政策：基本特征、热点演变与"十四五"展望［J］．中国农村经济，2021（5）：2－17．

［174］叶红．乡村旅游发展的动力机制研究——以成都市乡村旅游发展为例［J］．农村经济，2007（10）：79－82．

［175］易慧玲，黄渊基．基于网络文本分析的全域旅游基地游客满意

度研究——以湖南省长沙市为例［J］．长沙大学学报，2019，33（4）：32－37．

［176］殷英梅．游客对他人不文明旅游行为的道德情感与行为倾向研究——基于情绪认知评价理论的视角［J］．燕山大学学报（哲学社会科学版），2018，19（6）：70－77．

［177］尹燕，周应恒．不同乡村旅游地游客重游意愿的影响因素实证研究——基于江苏省苏南地区［J］．旅游科学，2013（6）：83－92．

［178］于法稳．我国乡村旅游发展的动因、问题及政策建议［J］．企业经济，2017，36（8）：5－10．

［179］余守文，肖乐乐．政策工具视角下中国体育产业政策文本量化分析——以国务院46号文为例［J］．体育学刊，2018，25（4）：21－27．

［180］喻蒙蒙，王淑华．基于网络文本的戏剧类演艺景区旅游感知形象研究——以"只有河南·戏剧幻城"为例［J／OL］．经营与管理，2022：1－8．

［181］张国庆．行政管理学概论［M］．北京：北京大学出版社，2000．

［182］张红梅，梁昌勇，徐健，等．特色旅游目的地形象对游客行为意愿的影响机制研究——以贺兰山东麓葡萄产业旅游为例［J］．中国软科学，2016（8）：50－61．

［183］张岚，周玮，朱明远．空间视角下城市感知形象对游客重游意向的影响效应研究［J］．城市发展研究，2016，23（1）：111－115．

［184］张薇，谢珊珊，曾晓丽．乡村旅游地建设居民参与行为影响因素的调查与分析：以进贤县为例［J］．营销界，2020（15）：36－37．

［185］张伟，张建春，魏鸿雁．基于贫困人口发展的旅游扶贫效应评估——以安徽省铜锣寨风景区为例［J］．旅游学刊，2005（5）：43－49．

［186］张翔云，何星亮．民族地区旅游扶贫中的不虞效应与有效应对［J］．社会科学家，2022（1）：57－63．

［187］张雪松．国内大部分景点游客重游率不足1%［EB/OL］．（2021－04－20）［2022－10－24］．http：//www.bjnews.com.cn/travel/2017/06/28/

448387. html.

　　[188] 张妍，刘建国，徐虹. 贫困地区居民对旅游扶贫满意度评价实证研究 [J]. 经济地理，2021，41（5）：223 – 231.

　　[189] 张圆刚，余向洋，程静静，等. 基于 TPB 和 TSR 模型构建的乡村旅游者行为意向研究 [J]. 地理研究，2017，36（9）：1725 – 1741.

　　[190] 赵磊，方成，毛聪玲. 旅游业与贫困减缓——来自中国的经验证据 [J]. 旅游学刊，2018，33（5）：13 – 25.

　　[191] 赵雪祥，骆培聪. 乡村旅游目的地游客旅游动机对重游意愿的影响——交往意愿的中介作用 [J]. 福建师范大学学报（自然科学版），2019，35（6）：108 – 116.

　　[192] 赵艳林. 游客重游意愿内驱要素的实证研究——基于丹巴甲居藏寨自由行游客的经验证据 [J]. 西南民族大学学报（人文社会科学版），2012，33（2）：146 – 149.

　　[193] 赵燕鸿. 脱贫攻坚期乡村旅游精准扶贫的难题与对策研究 [J]. 农业经济，2021（3）：83 – 84.

　　[194] 中国农村网. 发展乡村旅游要让农民做主人 [EB/OL]. (2023 – 03 – 29) [2023 – 02 – 15]. http：//journal. crnews. net/ncgztxcs/2020/djq/gzsj/932389_ 20200604031228. html.

　　[195] 中华人民共和国国务院新闻办公室. 中国农村扶贫开发纲要 (2011 – 2020 年) [R/OL]. (2014 – 01 – 22) [2023 – 02 – 13]. http：//www. scio. gov. cn/ztk/xwfb/2014/gxbjhqmshncggdygqkfbh/zcfg30116/Document/1361103/1361103. htm.

　　[196] 中华人民共和国中央人民政府. 关于加大改革创新力度加快农业现代化建设的若干意见 [R/OL]. (2015 – 02 – 01) [2023 – 01 – 22]，http：//www. gov. cn/gongbao/content/2015/content_ 2818447. htm.

　　[197] 中华人民共和国中央人民政府. 李克强：让旅游成为世界和平发展之舟 [R/OL]. (2016 – 05 – 19) [2023 – 01 – 23]. http：//www. gov. cn/xinwen/2016 – 05/19/content_ 5074835. htm.

　　[198] 中华人民共和国中央人民政府. 12 部门共同制定《乡村旅游扶

贫工程行动方案》［R/OL］．（2016 – 08 – 18）［2023 – 02 – 23］．http：//
www. gov. cn/xinwen/2016 – 08/18/content_ 5100433. htm.

［199］中华人民共和国中央人民政府．国家旅游局、国务院扶贫办印发
《关于支持深度贫困地区旅游扶贫行动方案》［R/OL］．（2018 – 01 – 19）［2022 –
12 – 23］．http：//www. gov. cn/xinwen/2018 – 01/19/content_ 5258471. htm.

［200］中华人民共和国中央人民政府．国务院印发《"十三五"脱贫攻
坚规划》［R/OL］．（2016 – 12 – 02）［2023 – 01 – 26］．http：//www. gov. cn/
xinwen/2016 – 12/02/content_ 5142245. htm.

［201］中华人民共和国自然资源部．中共中央 国务院关于打赢脱贫攻
坚战的决定［R/OL］．（2020 – 04 – 21）［2023 – 01 – 23］．https：//www.
mnr. gov. cn/zt/zh/zrzyfpzltpgj/xyfp/202004/t20200421_ 2509263. html.

［202］周丽，蔡张瑶，黄德平．西部民族地区乡村旅游高质量发展的
现实需求、丰富内涵和实现路径［J］．农村经济，2021（6）：137 – 144.

［203］周玲强．中国旅游发展笔谈——后脱贫时代乡村旅游与乡村振
兴［J］．旅游学刊，2021，36（4）：1.

［204］周文丽，张海玲．民族文化旅游景区服务质量感知对游客行为
意愿的影响研究——游客满意度的中介效应［J］．武汉商学院学报，
2022，36（1）：5 – 12.

［205］周歆红．关注旅游扶贫的核心问题［J］．旅游学刊，2002
（1）：17 – 21.

［206］周杨，何军红，荣浩．我国乡村旅游中的游客满意度评估及影
响因素分析［J］．经济管理，2016（7）：156 – 166.

［207］朱宝莉．民族村寨旅游扶贫研究［D］．成都：西南民族大
学，2019.

［208］祝帅．乡村旅游产业利益相关者价值共创的协调机制研究
［D］．南昌：南昌大学，2022：48 – 49.

［209］邹统钎．乡村旅游发展的围城效应与对策［J］．旅游学刊，
2006（3）：8 – 9.

［210］A，Kyungmi Kim，M. U. B，et al. How does tourism in a community impact the quality of life of community residents?[J]. Tourism Management, 2013, 36 (3): 527 –540.

[211] Agriculture – tourism linkages and pro – poor impacts: The accommodation sector of urban coastal KwaZulu – Natal, South Africa [J]. Applied Geography, 2013, 36: 49 –58.

[212] Ajzen Icek. The theory of planned behavior [J]. Research in Nuring & Health, 1991, 14 (2): 137.

[213] Allameh S M, Pool J K, Jaberi A, et al. Factors influencing sport tourists´revisit intentions: The role and effect of destination image, perceived quality, perceived value and satisfaction [J]. Asia Pacific Journal of Marketing & Logistics, 2015, 27 (2): 191 –207.

[214] Arch G W. Embrace · perform · model; Complexity theory, contrarian case analysis, and multiple realities [J]. Journal of Business Research, 2014, 67 (12): 2495 –2503

[215] Ashley C, Boyd C, Goodwin H. Pro-Poor tourism: Putting poverty at the heart of the tourism agenda [J]. Natural Resource Perspectives, 2000, 51 (1): 1 –6.

[216] Assaker G, Vinzi E V, O'Conner P. Examining the effect of novelty seeking, satisfaction, and destination image on tourists'return pattern: A two factor, non-linear latent growth model [J]. Tourism Management, 2011, 32 (4): 890 –901.

[217] Bagozzi R P, Yi Y. On the evaluation of structural equation models [J]. Journal of the Academy of Marketing Science, 1988, 16 (1): 74 –94.

[218] Barbara A. Mellers, A. Peter McGraw. Anticipated emotions as guides to choice [J]. Current Directions in Psychological Science, 2001, 10 (6): 210 –214.

[219] Bhati Abhishek Singh, Mohammadi Zohre, Agarwal Manisha, et al. Motivating or manipulating: The influence of health-protective behaviour and media engagement on post-COVID – 19 travel [J]. Current Issues in Tourism,

2021, 24 (15).

[220] Bigne J E, Sanchz M I, San J. Tourist image, evaluation variables and after purchase behaviour: Inter-relationship [J]. Tourism Management, 2001, 22 (6): 319 – 336.

[221] Cardozo R N. An experimental study of customer effort, expectation, and satisfaction [J]. Journal of Marketing Research, 1965, 2 (3): 244 – 249.

[222] Caroline A, Dilys R. Making tourism work for the poor: Strategies and challenges in southern Africa [J]. Development Southern Africa, 2002, 19 (1): 61 – 82.

[223] Caroline Ashley, Dilys Roe. Making tourism work for the poor: Strategies and challenges in southern Africa [J]. Development Southern Africa, 2002, 19 (1): 61 – 82.

[224] Chi C G, Cai R, Li Y. Factors influencing residents' subjective well-being at World Heritage Sites [J]. Tourism Management, 2017, 8 (63): 209 – 222.

[225] Christian M. Rogerson. Pro-Poor local economic development in South Africa: The role of pro-poor tourism [J]. Local Environment, 2006, 11 (1): 37 – 60.

[226] Daniela Schilcher. Growth versus equity: The continuum of pro-poor tourism and neoliberal governance [J]. Current Issues in Tourism, 2007, 10 (2 – 3).

[227] Dann G. A. Ego-enhancement and tourism [J]. Annals of Tourism Research, 1977, 4 (4): 184 – 194.

[228] Elisabeth K, Celeste E, mari J C. Studying factors influencing repeat visitation of cultural tourists [J]. Journal of Vacation Marketing, 2013, 19 (4): 343 – 358.

[229] Harold Goodwin. Pro-Poor tourism: A response [J]. Third World Quarterly, 2008, 29 (5): 869 – 871.

［230］He X S, Luo J M. Relationship among travel motivation, satisfaction and revisit Intention of skiers: A case study on the tourists of Urumqi Silk Road Ski Resort ［J］. Administrative Sciences, 2020, 10 (3).

［231］Isabella Soscia. Gratitude, delight, orguilt: The role of consumers' emotions in predicting postconsumption behaviors ［J］. Psychology & Marketing, 2007, 24 (10): 871 – 894.

［232］Jeyacheya J, Hampton M P, Coomes O T. Wishful thinking or wise policy? Theorising tourism-led inclusive growth: Supply chains andhost communities ［J］. World Development, 2020, 131: 104960.

［233］Lee T H, Crompton J. Measuring novelty seeking in tourism ［J］. Annals of Tourism Research, 1992, 19 (4): 732 – 751.

［234］Lisa Watson, Mark T. Spence. Causes and consequences of emotions on consumer behaviour A review and integrative cognitive appraisal theory ［J］. European Journal of Marketing, 2007, 41 (5/6): 487 – 511.

［235］LópezSanz José María, Penelas Leguía Azucena, Gutiérrez Rodríguez Pablo, et al. Sustainable development and rural tourism in depopulated areas ［J］. Land, 2021, 10 (9): 985 – 1002.

［236］Mason P, Cheyne J. Residents´attitudes to proposed tourism development ［J］. Annals of Tourism Research, 2000, 27 (2): 391 – 411.

［237］Muchapondwa E , Stage J . The economic impacts of tourism in Botswana, Namibia and South Africa: Is poverty subsiding? ［C］ // Natural Resources Forum. Blackwell Publishing, 2013.

［238］Nghiem-phu B. Perceptual and functional antecedents of local residents' Support-for-tourism: Findings of a study in Hanoi, Vietnam ［J］. Asia Pacific Journal of Tourism Research, 2016, 21 (4): 375 – 397.

［239］Oppermann M. Tourism destination Loyalty ［J］. Journal of Travel Research, 2000, 39 (1): 78 – 84.

［240］Oppermann, M. Tourism destination loyalty ［J］. Journal of Travel

Research, 2000, 39 (1): 78 – 84.

[241] Petrick J F, Backman S J. An examination of the determinants of golf travelers' satisfaction [J]. Journal of Travel Research, 2002, 40 (2): 252 – 258.

[242] Ribeiro Manuel Alector, Pinto Patricia, Silva João Albino, et al. Residents' attitudes and the adoption of pro-tourism behaviours: The case of developing island countries [J]. Tourism Management, 2017, 61: 523 – 537.

[243] Sen A. Development as freedom [J]. Development in Practice-oxford, 2000, 10 (2): 258.

[244] Seoho U. Antecedents of revisit intention [J]. Annals of Tourism Research, 2006, 33 (4): 1141 – 1158.

[245] Siemer M J, Gross J, Mauss I. Same situation and different emotions: How appraisals shape our emotions [J]. Emotion, 2007, 7 (3): 592 – 600.

[246] Sirivongs K, Tsuchiya T. Relationship between local residents' perceptions, attitudes and participation towards national protected areas: A case study of Phou Khao Khouay National Protected Area, central Lao PDR [J]. Forest Policy and Economics, 2012, 21: 92 – 100.

[247] Su M M, Wall G, Wang Y, et al. Livelihood sustainability in a rural tourism destination-Hetu Town, Anhui Province, China [J]. Tourism Management, 2019, 71: 272 – 281.

[248] Tarvis D, Stoeckl N, Liu H. The impact of economic, social and environmental factors on trip satisfaction and the likelihood of visitors returnning [J] Tourism Management, 2016, 52 (FEB.): 1 – 18.

[249] Tarvisd, Stoeckln, LIu H. The impact of economic, social and environmental factors on trip satisfaction and the likelihood of visitors returnning [J]. Tourism Management, 2016, 52: 1 – 18.

[250] Wee-Kheng Tan. Repeat visitation: A study from the perspective of leisure constraint, tourist experience, destination images, and experiential fa-

miliarity ［J］. Journal of Destination Marketing & Management, 2016, 6 (3): 233 – 242.

［251］ Weyland F, Colacci P, Cardoni A, et al. Can rural tourism stimulate biodiversity conservation and influence farmer's management decisions? ［J］. Journal for Nature Conservation, 2021, 64: 126071.

附录 A 乡村旅游减贫效应及参与意愿调查问卷

您好！非常感谢您参与我们的问卷调查，此次调查的目的是为评估乡村旅游减贫成效和农户参与意愿收集相关信息，不会泄露您的任何隐私。请根据您的实际情况填写，谢谢您的合作！

一、农户家庭基本情况

1. 您的性别：男（　　）女（　　）；您的年龄是_____岁；您家庭总人口_____人；您是否参与乡村旅游：是（　　）否（　　）；您参与乡村旅游前家庭收入_____元；目前您的家庭年收入_____元；您的家庭从旅游业中获得收入_____元。

2. 您的文化程度（　　）。

A. 小学及以下　　　　　B. 初中　　　　　　　C. 高中

D. 大专　　　　　　　　E. 本科及以上

3. 2020 年之前您是否是贫困户（　　）。

A 是　　　　　　　B 否

4. 您在乡村旅游开发前从事行业（注：可多选）（　　）。

A. 农作物种植　　　　B. 畜牧养殖　　　　C. 外出打工

D. 交通运输　　　　　E. 餐饮住宿　　　　F. 其他

5. 您在乡村旅游开发后从事行业（注：可多选）（　　）。

A. 农作物种植　　　　B. 畜牧养殖　　　　C. 外出打工

D. 交通运输　　　　　E. 餐饮住宿　　　　F. 其他

6. 家庭主要收入来源（　　　　）。

A. 农作物种植　　　　B. 畜牧养殖　　　　C. 外出务工

D. 旅游相关服务业　　E. 低保扶持　　　　F. 其他

7. 您参与乡村旅游的方式是（注：可多选）（　　　　）。

A. 餐饮经营　　　　　B. 交通运输　　　　C. 提供住宿

D. 服务员　　　　　　E. 保洁员　　　　　F. 土特产销售

G. 旅游纪念品销售　　H. 旅游相关部门　　I. 农产品种植售卖

J. 土地参与　　　　　K. 无

二、农户参与乡村旅游意愿感知

1 非常不同意　　　2 不同意　　　3 一般　　　4 同意　　　5 非常同意

1. 我愿意参与乡村旅游开发与规划（　　　　）。

2. 我愿意参与乡村旅游政策制定和决策过程（　　　　）。

3. 我愿意参与旅游教育和培训（　　　　）。

4. 我愿意自主经营一些旅游接待项目（　　　　）。

5. 我愿意接受景区或旅游企业聘用（　　　　）。

6. 我愿意为了旅游发展保护环境（　　　　）。

7. 我愿意接受更多的培训和教育（　　　　）。

三、农户对乡村旅游满意度感知

1 非常不同意　　　2 不同意　　　3 一般　　　4 同意　　　5 非常同意

1. 您对发展乡村旅游带动减贫感到满意（　　　　）。

2. 您对本地乡村旅游的发展现状感到满意（　　　　）。

3. 您认为本地区发展乡村旅游总体利大于弊（　　　　）。

4. 乡村旅游让您的生活比原来有保障感到满意（　　　　）。

四、农户对乡村旅游发展感知（产业兴旺维度）

1 非常不同意　　　2 不同意　　　3 一般　　　4 同意　　　5 非常同意

1. 游客在本村花的钱越来越多（　　　　）。

2. 来本村的游客越来越多（　　　　）。

3. 游客在本村停留的时间越来越长（　　　　）。

4. 越来越多的村民参与乡村旅游发展（　　　　）。

五、农户对乡村旅游带来的经济效应感知（生活富裕维度）

1 非常不同意　　2 不同意　　3 一般　　4 同意　　5 非常同意

1. 乡村旅游增加了您的就业机会（　　　）。

2. 提高了家庭收入（　　　）。

3. 促进了地方经济发展（　　　）。

4. 收入渠道更加丰富（　　　）。

5. 农产品比以前好卖了（　　　）。

6. 带动了其他产业的发展（　　　）。

7. 提高了您的生活质量（　　　）。

六、农户对发展乡村旅游带来的社会文化效应感知（乡风文明维度）

1 非常不同意　　2 不同意　　3 一般　　4 同意　　5 非常同意

1. 促进了与外界信息交流（　　　）。

2. 思想观念有所更新（　　　）。

3. 传统文化得到保护和传承（　　　）。

4. 接受过政府组织的与旅游有关知识培训（　　　）。

5. 旅游服务技能得到提升（　　　）。

6. 教育设施得到改善（　　　）。

7. 住房条件得到改善（　　　）。

8. 上学、看病更加方便（　　　）。

9. 促进社会保障水平的提升（　　　）。

10. 医疗条件得到改善（　　　）。

11. 素质得到提高（　　　）。

12. 促进邻里和谐（　　　）。

13. 促进家庭和谐（　　　）。

14. 提高了本村知名度（　　　）。

15. 返乡从事乡村旅游的人数增多（　　　）。

七、农户对乡村旅游带来的环境效应感知（治理有效、生态宜居维度）

1 非常不同意　　2 不同意　　3 一般　　4 同意　　5 非常同意

1. 基础设施（道路、饮水、通电）得到改善（　　　）。

2. 住房条件明显改善（　　　）。

3. 旅游发展带动本村村容村貌得到提升（　　　）。

4. 旅游促进了垃圾、污水处理设施建设（　　　）。

5. 旅游改善了本村的卫生条件（　　　）。

6. 旅游发展提高了村民的环境保护意识（　　　）。

7. 乡村旅游导致环境卫生恶化（　　　）。

8. 旅游导致噪声增多（　　　）。

9. 旅游导致交通拥堵（　　　）。

八、农户对乡村旅游权利贫困缓解效应感知（增权维度）

1 非常不同意　　2 不同意　　3 一般　　4 同意　　5 非常同意

1. 参与了乡村旅游的开发与发展规划（　　　）。

2. 参与乡村旅游获得收入的权利保障度（　　　）。

3. 您有渠道发表关于旅游发展的意见（　　　）。

4. 您能自由开展经营活动（　　　）。

附录 B 旅游者乡村旅游重游意愿调查问卷

您好！非常感谢您参与我们的问卷调查，此次调查的目的是为发展乡村旅游推动乡村振兴收集相关信息，不会泄露您的任何隐私。请根据您的实际情况填写，谢谢您的合作！

一、旅游者基本情况

1. 您的性别：男（　　）女（　　）；您的年龄是_____岁；月收入_____元/月；第_____次到春风村；年旅游次数_____次；本次在春风村消费情况_____元；停留时间_____小时。

2. 您的文化程度（　　）。

A. 小学及以下　　　　B. 初中　　　　　　C. 高中/中专

D. 大专　　　　　　　E. 本科　　　　　　F. 硕士及以上

3. 您的职业（　　）。

A. 农民　　　　　　　B. 工人　　　　　　C. 公务员

D. 企事业单位人员　　E. 学生　　　　　　F. 销售或服务人员

G. 个体户　　　　　　H. 待业　　　　　　I. 离退休人员

4. 您来自（　　）。

A. 本村　　　　　　　B. 本县　　　　　　C. 本市其他县区

D. 省内　　　　　　　E. 省外或直辖市

5. 交通方式（　　）。

A. 自驾　　　　　　　B. 公交车　　　　　C. 包车　　　D. 徒步

6. 旅游形式（　　）。

A. 独自旅游　　　　　B. 家人　　　　　　C. 朋友　　　　D. 跟团

7. 旅游信息来源（　　　）。

A. 社交软件　　　　　B. 短视频　　　　　C. 亲友推荐

D. 广告　　　　　　　E. 旅行社

8. 具上一次到访时间（　　　）。

A. 12 个月内　　　　　B. 1～2 年　　　　　C. 3 年及以上

二、旅游动机/重游动机

1 非常不同意　　2 不同意　　3 一般　　4 同意　　5 非常同意

1. 缓解工作、生活压力（　　　）。

2. 欣赏田园风光（　　　）。

3. 增加阅历见识（　　　）。

4. 增进与亲友之间的感情（　　　）。

5. 春风村能满足我的旅游需求（　　　）。

6. 参观、游览之前在春风村旅游时未曾去过的自然风光景区（　　　）。

7. 参观、游览春风村新开发的景点（　　　）。

8. 陪亲人/亲戚/朋友来玩，所以又来了（　　　）。

9. 因工作需要，陪客户/领导来春风村，所以又来了（　　　）。

三、春风村乡村旅游满意度

1 非常不同意　　2 不同意　　3 一般　　4 同意　　5 非常同意

1. 春风村旅游的经历是令人愉快的（　　　）。

2. 选择春风村作为旅游目的地是正确的（　　　）。

3. 与预期的相比，您对本次乡村旅游是非常满意的（　　　）。

4. 您认为本次旅游的花费是"值得"的（　　　）。

四、重游意愿

1 非常不同意　　2 不同意　　3 一般　　4 同意　　5 非常同意

1. 我愿意重游春风村已游览过的旅游空间（　　　）。

2. 我愿意重游春风村新开发的旅游空间（　　　）。

3. 我非常愿意向有旅游计划的人员推荐春风村（　　　）。

五、目的地形象评价

1 非常不同意　　2 不同意　　3 一般　　4 同意　　5 非常同意

1. 您对春风村乡村旅游环境满意（　　）。

2. 您对春风村乡村旅游吸引物满意（　　）。

3. 您对春风村乡村旅游的服务满意（　　）。

4. 春风村旅游是令人愉快的（　　）。

5. 与您预期相比，春风村对您很有吸引力（　　）。

六、感知质量/价值

1 非常不同意　　2 不同意　　3 一般　　4 同意　　5 非常同意

1. 春风村旅游消费很划算（　　）。

2. 与你得到的相比，花费的时间与金钱是值得的（　　）。

3. 本次的旅游活动有合理的质量标准（　　）。

4. 春风村景点游览路标、告示完整（　　）。

5. 春风村旅游基础设施完备（　　）。

6. 春风村交通可达性强（　　）。

7. 在旅游点停车方便（　　）。

8. 此次旅游满足了你的好奇心（　　）。

9. 此次旅游经历是独特的（　　）。

10. 此次旅游给了我原汁原味的体验（　　）。

11. 春风村整体卫生条件良好（　　）。

12. 春风村生态环境优良（　　）。

13. 春风村的旅游设施与生态环境和谐（　　）。

七、风险可能性

1 非常不同意　　2 不同意　　3 一般　　4 同意　　5 非常同意

1. 担心跌倒、滑倒、摔伤等意外发生（　　）。

2. 担心当地治安不好（　　）。

3. 担心基础设施不安全（　　）。

4. 担心旅游过程可能会有意外事故发生（　　）。

5. 担心旅游目的地距离太远（　　）。

6. 担心旅游目的地路况差（　　　）。

7. 担心去往目的地途中交通拥堵（　　　）。

8. 担心旅游实际花费超出预期（　　　）。

9. 担心旅游活动中未收获与金钱投入带来相应回报的可能性（　　　）。

10. 担心旅游活动不能带来个人满足感的可能性（　　　）。

11. 担心本次旅游活动根本就是浪费时间的可能性（　　　）。